推动能源生产和消费革命战略研究系列丛书

（第三辑）

中国工程院重大咨询项目成果文库

能源革命推动长三角创新发展

翁史烈　黄震等　著

科学出版社

北京

内 容 简 介

本书基于长三角地区能源发展与经济社会和生态环境的关系，综合运用社会调研、政府访谈、多元统计、归纳演绎、模型预测等多种手段，从历史、现况和远景的视角揭示了长三角能源系统中存在的诸多矛盾，提出了通过建设“现代化能源大系统”来推进长三角地区能源革命，并进一步分析了能源革命对长三角地区创新发展的推动作用。本书同时兼顾全面性、深入性和前瞻性，既涵盖长三角区域能源数据、能源行业动态等现状特点剖析，又对未来长三角各部门能源需求进行预测，同时还前瞻性地提出建立“现代化能源大系统”来解决能源发展面临的问题。

本书可供关心能源供需发展、关注能源革命趋势的政府、企业、大专院校和研究机构的管理人员和科研人员参考阅读。

图书在版编目（CIP）数据

能源革命推动长三角创新发展 / 翁史烈等著.—北京：科学出版社，2021.10

（推动能源生产和消费革命战略研究系列丛书. 第三辑）

中国工程院重大咨询项目成果文库

ISBN 978-7-03-069075-3

Ⅰ. ①能… Ⅱ. ①翁… Ⅲ. ①长江三角洲—能源发展—研究 Ⅳ. ①F426.2

中国版本图书馆 CIP 数据核字（2021）第 108915 号

责任编辑：陈会迎 / 责任校对：严 娜
责任印制：张 伟 / 封面设计：有道设计

科学出版社 出版
北京东黄城根北街 16 号
邮政编码：100717
http://www.sciencep.com
北京捷迅佳彩印刷有限公司 印刷
科学出版社发行 各地新华书店经销
*
2021年10月第 一 版 开本：720×1000 B5
2021年10月第一次印刷 印张：8
字数：160 000
定价：98.00 元
（如有印装质量问题，我社负责调换）

推动能源生产和消费革命战略研究系列丛书

（第三辑）

编委会成员名单

项目组成员名单

翁史烈　上海交通大学 原校长、中国工程院院士
黄　震　上海交通大学 副校长、中国工程院院士
于立军　上海交通大学 能源研究院副院长、教授
骆仲泱　浙江大学 教授
谢晓敏　上海交通大学机械与动力工程学院 副教授
宋华芬　上海交通大学机械与动力工程学院 副教授
由　婷　上海交通大学国际能源问题研究中心 助理研究员
张庭婷　上海交通大学国际能源问题研究中心 助理研究员
朱丽华　上海交通大学国际能源问题研究中心 馆员
杨　璨　上海交通大学国际能源问题研究中心 研究助理
宣　琳　上海交通大学 硕士研究生
冯嘉伟　上海交通大学 硕士研究生
姜小云　上海交通大学 硕士研究生
吴　唯　上海交通大学 硕士研究生

推动能源生产和消费革命战略研究系列丛书

（第三辑）

丛 书 序

能源是人类社会发展的重要支柱，是国民经济发展的重要基础。致力于促进中国工程科学技术事业和经济社会可持续发展的中国工程院，自 1994 年建院以来就将能源问题纳入战略咨询的重要范畴。能源革命战略研究已做成了系列，做成了中国工程院的品牌。

党的十八大首次提出“推动能源生产和消费革命”[①]。习近平于 2014 年提出“四个革命、一个合作”能源安全新战略以来，推动能源革命已经成为中长期我国能源发展的基本遵循[②]。中国工程院于 2013 年 5 月启动了“推动能源生产和消费革命战略研究”重大咨询项目，创新性地提出了能源革命三阶段论述；又于 2015 年 10 月启动了以农村能源、西部能源和“一带一路”能源合作为重点的能源革命二期重大咨询项目，提出农村地区和西部地区推进能源革命“三步走”战略。

区域经济社会发展和生态环境保护离不开能源的支撑保障。党中央提出的“四个革命、一个合作”能源安全新战略，以及以京津冀协同发展等为代表的国家区域发展战略的深入贯彻实施，为新时期能源发展提供了基本遵循和方向指引。鉴于此，中国工程院于 2018 年 3 月启动了“推进能源生产和消费革命（2035）——能源革命推动经济社会发展和生态环境保护战略研究”重大咨询项目。项目以主动视角审视当前国家能源发展情况，立足“变被动为主动”的研究观点，深入研究能源革命对经济社会发展和生态环境保护的推动作用，全面分析能源与经济社会、生态环境的相互关系，旨在新形势下结合区域发展战略的顶层指引和能源资源禀赋的实际，因地制宜推进区域能源革命，推动区域经济社会发展和生态环境保护。

历时两年的研究，项目取得了一系列研究成果。围绕能源革命推动京津冀协

---

① 胡锦涛在中国共产党第十八次全国代表大会上的报告，http://cpc.people.com.cn/n/2012/1118/c64094-19612151.html[2012-11-18]。

② 习近平：积极推动我国能源生产和消费革命，http://www.xinhuanet.com/politics/2014-06/13/c_1111139161.htm[2014-06-13]。

同发展和雄安新区建设、长三角创新发展、珠三角开放发展、老工业基地转型发展、中部地区崛起、能源富集地区绿色发展、西南地区共享发展、能源安全保障等研究内容，通过典型的区域案例和技术案例的调研与分析，在系统总结和深入研究能源革命对经济社会发展和生态环境保护的推动作用及能源安全专题分析研究的基础上，提出因地制宜推进能源革命的指导思想、战略思路、战略目标，阐述了 2035 年、2050 年能源革命在推动经济社会发展和改善生态环境方面的重要作用和推进区域能源革命的七大战略举措：第一，推进京津冀能源与经济、环境的协同发展，力争生态环保实现率先突破；第二，依托长三角一体化发展优势，建立集成优化、区域联动、智能调控的能源系统，推动区域创新发展；第三，依托“一带一路”和粤港澳大湾区建设，将珠三角地区打造成国家油气储备基地和可再生能源基地，成为国家能源安全保障体系的重要一环；第四，以能源高值化、多元化、低碳化推进经济转型，激发老工业基地振兴新动能；第五，充分发挥枢纽区位优势，依托西气东输、西电东送、北煤南运，将中部地区重点打造成为保障中东部地区能源供应的综合枢纽站；第六，依托新一轮西部大开发战略，将能源富集地区打造成绿色可持续的国家能源安全保障基地；第七，推进清洁能源开发与消纳，促进乡村振兴，共享西南地区能源发展成果。并从政策制定、组织机构、财税金融、人才队伍建设等方面提出相关措施，保障相关战略举措的落地生根。

通过研究，项目形成了《推进能源生产和消费革命（2035）——能源革命推动经济社会发展和生态环境保护战略研究》总报告 1 份和 9 份课题报告及其摘要报告，其报告由科学出版社出版发行。同时，项目相关研究成果也及时做了总结，向党中央、国务院及有关部门上报了《关于能源革命与区域发展协调推进的建议》等 5 份院士建议，递交《关于建设榆林国家级能源革命创新示范区的提案》等 3 份全国政协提案。项目研究成果对于我国推进能源革命具有重要借鉴意义。

在项目的研究中，参加人员坚持咨询工作的“战略性、科学性、时效性、可行性、独立性”，注重战略研究的“方法创新、调研充分、研讨深入、组织严谨”，取得了重要成果，不仅数据翔实、目标明确，而且技术路线和政策措施具体。

项目的研究成果是项目组全体院士、专家集体智慧的结晶，作为项目负责人，我衷心感谢项目顾问李晓红、周济等院士的精心指导和所有参与研究及提供支持的院士、专家的辛勤工作，期望本丛书能够进一步为政府部门的科学决策提供科学支撑，为相关领域专家学者的进一步研究提供有益借鉴。

在新的历史阶段，能源革命正面临着新的挑战与机遇。作为全球最大的能源消费国和生产国，中国同时也在积极推进全球能源绿色转型发展。目前正在组织开展能源革命系列第四期即“能源战略（2035）”研究，阶段成果已提交院士建议 3 份，将继续为推动新时代能源事业高质量发展、践行“四个革命、一个合作”能源安全新战略献计献策。

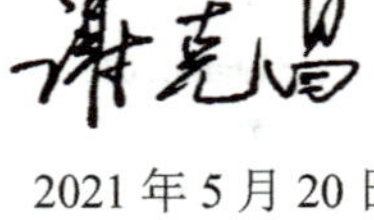

2021 年 5 月 20 日

前　言

能源是一个复杂大系统，由能源采集、能源转化、能源传输、能源消费、能源储存、能源交易、能源管理等子系统组成。改革开放 40 多年来，我国能源大系统支撑了国民经济的高速度、高质量发展，保障了人民生活水平的逐步提高。与此同时，我国庞大、复杂的能源系统自身也发生了巨大的变化。当今，我国能源生产总量、发电装机容量、总发电量、可再生能源装机容量、能源消费总量都跃居世界第一位；节能环保的重要指标，如火电机组供电煤耗、烟尘排放量、二氧化硫排放量的下降幅度都世界领先，真可谓成绩斐然、硕果累累。

尽管如此，我国能源系统依然面临巨大的挑战：单位国内生产总值（gross domestic product，GDP）能耗仅为世界平均水平；人均能源消费仅为美国的 1/3；能源结构需要进一步优化；能源市场还不太成熟；能源管理体制改革尚需深化。2017 年习近平总书记在党的十九大报告中提出的“推进能源生产和消费革命，构建清洁低碳、安全高效的能源体系”①，是非常及时和完全必要的！

特别要指出的是时代的科技特征：当今时代是第三次工业革命和第四次工业革命交叉重叠的时代，一方面以计算机技术、信息技术为象征的第三次工业革命方兴未艾，另一方面以大数据、云计算、人工智能、新能源为象征的第四次工业革命已悄然来临！在这样的时代中科学技术的“新浪”汹涌澎湃，颇有摧枯拉朽之势，这对能源大系统而言，既是严峻的挑战，也是发展的机遇，能源革命必须在科技新潮中乘风破浪！国家战略提出“建设‘互联网’+智慧能源”②，这正反映了当今的科技特征，新的能源大系统不仅要利用互联网，更要实现智能化。

我国幅员辽阔，各地区水文气象、资源禀赋相差甚大，国民经济发展也各有重点和特色。在国家战略指导下，各地区能源系统的建设应结合本地区的特点因地制宜。本书将遵循 2018 年习近平在首届中国国际进口博览会上提出的“一是将增设中国上海自由贸易试验区的新片区，鼓励和支持上海在推进投资和贸易自由化便利化方面大胆创新探索，为全国积累更多可复制可推广经验。二是将在上海证券交易所设立科创板并试点注册制，支持上海国际金融中心和科技创新中心建设，不断完善资本市场基础制度。三是将支持长江三角洲区域一体化发展并上升为国家战略，着力落实新发展理念，构建现代化经济体系，推进更高起点的深化

---

①《习近平指出，加快生态文明体制改革，建设美丽中国》，http://www.gov.cn/zhuanti/2017-10/18/content_5232657.htm[2017-10-18]。

②《关于推进“互联网+”智慧能源发展的指导意见》，http://www.nea.gov.cn/2016-02/29/c_135141026.htm[2016-02-29]。

改革和更高层次的对外开放，同‘一带一路’建设、京津冀协同发展、长江经济带发展、粤港澳大湾区建设相互配合，完善中国改革开放空间布局”[①]目标导向，按照国家对长三角地区生态、环境建设目标要求，结合长三角地区人口、经济、资源以及生态环境自身特点，针对本地区能源生产消费现状与突出问题，面向第三次、第四次工业革命所掀起的科技浪潮，提出长三角地区能源生产和消费革命的构想、战略举措及政策建议，并进一步揭示能源革命对长三角地区创新发展的推动作用。

翁史烈

2021年3月1日

①《习近平在首届中国国际进口博览会开幕式上的主旨演讲（全文）》，http://www.xinhuanet.com/politics/leaders/2018-11/05/c_1123664692.htm [2018-11-05]。

目　录

第一章　长三角地区基本情况概述

第一节　长三角地理区位

“长三角”原本是一个自然地理概念，特指长江和钱塘江入海之前形成的冲积平原，地理上包括江苏镇江以东、通扬运河以南、浙江杭州湾以北的地区。从 20 世纪 80 年代至今，长三角地区已扩大到包括上海、江苏、浙江、安徽在内的三省一市，区域面积共约 35.9 万平方公里。经过改革开放以来 40 多年的发展，长三角三省一市所在的地区成为中国经济发展最活跃、开放程度最高、创新能力最强、吸纳外来人口最多的区域之一，该地区也被誉为“中国乃至世界经济增长的发动机”[1]，是中国三大具有成为世界级城市群潜力的地区之一[2]，在国家现代化建设大局和全方位开放格局中具有举足轻重的战略地位。

长三角三省一市之所以能取得如此瞩目的成就，主要得益于其通江达海、承东启西、联南接北的区位优势。从自然条件看，长三角地区自然条件优良，滨江临海，水资源充足，气候适宜，地形以平原为主，土地开发难度小，突发性严重自然灾害发生频率较低，环境容量大，产业发展、城镇建设受自然条件限制小，是我国不可多得的工业化、信息化、城镇化、农业现代化协同并进的区域。从重大基础设施看，长三角地区交通干线密度较高，省际高速公路基本贯通，主要城市间高速铁路有效连接，沿海、沿江联动协作的航运体系初步形成，区域机场群体系基本建立，有利于地区内经济文化的便捷交流。从对外开放格局看，长三角地区口岸资源优良，国际联系紧密，自由贸易试验区探索形成了国际贸易“单一窗口”等一批可复制、可推广经验，具有较高的协同开放水平。

“风从海上来，潮涌长三角。”伴随着国家政策的东风吹来，长三角区域一体化迎来了新一轮发展契机。2016 年 5 月，国务院批准《长江三角洲城市群发展规划》①，这是长三角地区顺应时代潮流，服务国家现代化建设大局的一大契机。2018 年 11 月 5 日首届中国国际进口博览会上，国家主席习近平在开幕式

---

①《两部门关于印发长江三角洲城市群发展规划的通知》，http://www.gov.cn/xinwen/2016-06/03/content_5079264.htm[2016-06-03]。

主旨演讲中宣布，“为了更好发挥上海等地区在对外开放中的重要作用，我们决定，一是将增设中国上海自由贸易试验区的新片区，鼓励和支持上海在推进投资和贸易自由化便利化方面大胆创新探索，为全国积累更多可复制可推广经验。二是将在上海证券交易所设立科创板并试点注册制，支持上海国际金融中心和科技创新中心建设，不断完善资本市场基础制度。三是将支持长江三角洲区域一体化发展并上升为国家战略，着力落实新发展理念，构建现代化经济体系，推进更高起点的深化改革和更高层次的对外开放，同‘一带一路’建设、京津冀协同发展、长江经济带发展、粤港澳大湾区建设相互配合，完善中国改革开放空间布局”①。2019 年 12 月 1 日，中共中央、国务院印发了《长江三角洲区域一体化发展规划纲要》②，要求各地区各部门结合实际认真贯彻落实。在区位优势和政策扶持的驱动下，长三角区域一体化迈向更高质量的一体化发展既是大势所趋，也是内在要求。一方面，长三角在新的形势下将会更加开放市场、引进外资，“走出去”参与“一带一路”建设，与京津冀协同发展、长江经济带发展、粤港澳大湾区建设相互配合，完善中国改革开放空间布局，更好地发挥引领示范作用；另一方面，新形势也对长三角地区的转型升级、创新驱动发展提出了高要求，从而助推科创能力的进一步提升，给国家发展起到强有力的支撑作用。

第二节　长三角经济社会

自改革开放以来，长三角地区在经济社会方面取得了突出的成绩。特别是长三角一体化发展上升为国家战略后，长三角地区的经济社会发展迎来了新的机遇。

经济发展方面，长三角地区呈现出以下主要特点。一是经济总量平稳增长，经济增速缓慢下行。长三角地区 1990 年到 2019 年地区生产总值呈高速增长态势（图 1-1），这期间的年均增长率超过 11.6%，同期全国的年均增速为 9.6%。1990 年，长三角四省市的地区生产总值为 3760.8 亿元，占国内生产总值总量的比例为 19.9%；2019 年，长三角地区生产总值达到 237 252.8 亿元，占国内生产总值的 23.9%，显示出长三角经济发展对于全国的重要性，是全国的重要经济中

---

①《习近平在首届中国国际进口博览会开幕式上的主旨演讲（全文）》，http://www.xinhuanet.com/politics/leaders/2018-11/05/c_1123664692.htm [2018-11-05]。

②《中共中央　国务院印发〈长江三角洲区域一体化发展规划纲要〉》，http://cjjjd.ndrc.gov.cn/gongzuodongtai/quanweifabu/guanfangfabu/201912/t20191204_1207497.htm [2019-12-04]。

心之一①②③④⑤。江苏省经济总量占比最大，约占全国的 10.1%，其次为浙江省，占比为 6.3%，上海排名第三，占比为 3.9%，安徽第四，占比为 3.7%。

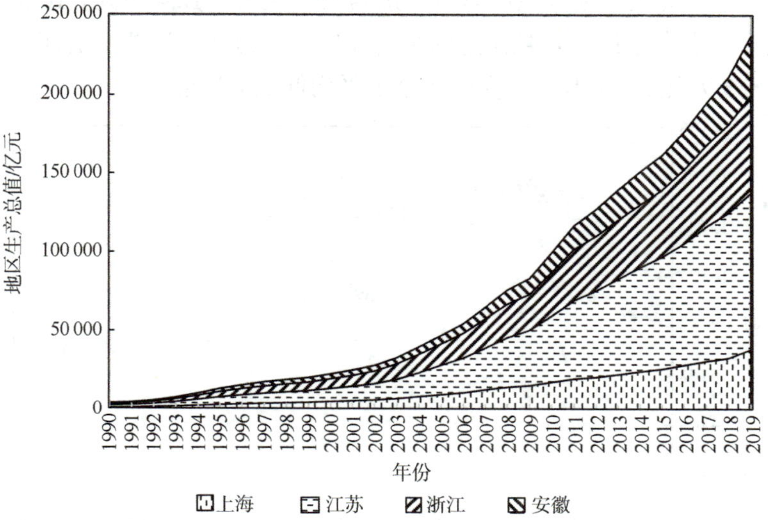

图 1-1　1990～2019 年长三角地区生产总值

2000～2019 年，长三角地区的经济增速呈缓慢下行趋势（图 1-2）。2019 年，上海市、江苏省、浙江省、安徽省的地区生产总值增速分别为 6%、6.4%、6.8%、7.5%，其中，安徽最高且高于全国平均 1.4 个百分点，浙江、江苏分别高于全国平均 0.7、0.3 个百分点，上海低于全国平均 0.1 个百分点[3]。对比 2018 年，长三角地区四省市的经济增速均有所下降。上海下降 0.6 个百分点，江苏和浙江均下降 0.3 个百分点，安徽下降 0.5 个百分点。总体上，长三角三省一市的地区生产总值总量占全国比重仍保持上升态势。

二是经济质量平稳提升，地区差距明显。如图 1-3 所示，长三角人均地区生产总值呈快速增长态势，从 2000 年的 11 439 元提高到 2019 年的 104 452 元，增长了 813.12%。2019 年长三角人均地区生产总值约是全国平均水平的 1.47 倍。长三角地区经济质量存在显著地区差异特征。2000 年，上海市的人均地区生产总值

---

①《2019 年上海市国民经济和社会发展统计公报》，http://tjj.sh.gov.cn/tjgb/20200329/05f0f4abb2d448a69e4517f6a6448819.html [2020-03-29]。

②《2019 年江苏省国民经济和社会发展统计公报》，http://tj.jiangsu.gov.cn/art/2020/3/3/art_4031_8993801.html [2020-03-03]。

③《2019 年浙江省国民经济和社会发展统计公报》，http://tjj.zj.gov.cn/art/2020/3/5/art_1229129205_519875.html [2020-03-05]。

④《安徽省 2019 年国民经济和社会发展统计公报》，http://www.ah.gov.cn/zfsj/tjgb/2019n/8287621.html [2020-03-11]。

⑤《中华人民共和国 2019 年国民经济和社会发展统计公报》，http://www.gov.cn/xinwen/2020-02/28/content_5484361.htm [2020-02-28]。

为 29 915 元，浙江省的人均地区生产总值为 13 122 元，江苏省人均地区生产总值为 11 674 元，安徽省人均地区生产总值为 4986 元。2019 年，上海市、江苏省、浙江省、安徽省的人均地区生产总值分别为 15.7 万元、12.4 万元、10.8 万元、5.8 万元，其中，上海市最高，且比全国平均高出 8.6 万元，江苏、浙江分别比全国平均高出 5.3 万元、3.7 万元，安徽比全国平均低 1.3 万元[3]。

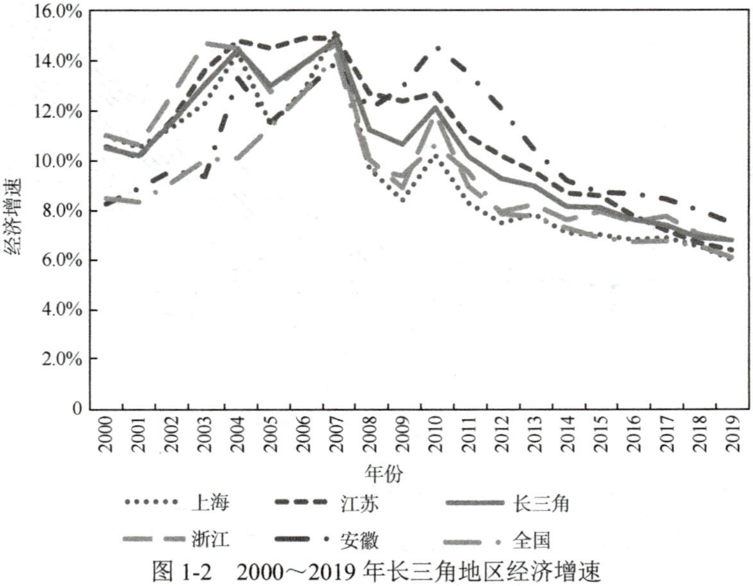

图 1-2　2000～2019 年长三角地区经济增速

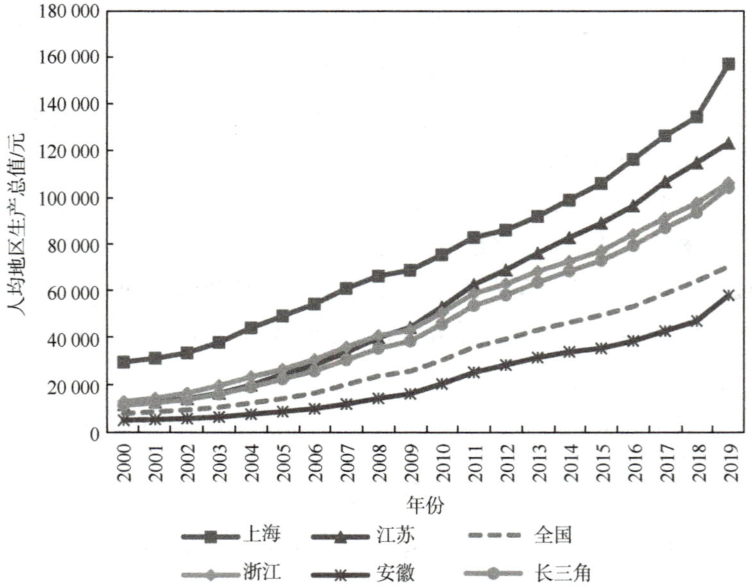

图 1-3　2000～2019 年长三角人均地区生产总值

三是产业结构稳步调整，地区间各具特色。如表 1-1 所示，2000 年，上海市的第一产业占比为 1.6%，第二产业占比为 46.4%，第三产业占比为 52.0%。上海市的第三产业占比在长三角四省市中排名第一。浙江和江苏两省的产业结构极为相似，第一产业占比为 10%～13%，第二产业占比为 51%～54%，第三产业产比为 35%～37%。安徽的产业结构中第二产业和第三产业占比分别为 36.4% 和 38.0%，第一产业占比为 25.6%，是长三角四省市中第一产业占比最高的省份。随着经济社会的发展，长三角四省市的产业结构逐步发生了变化，但产业结构整体上保持相对稳定。2019 年，上海市的第三产业占比提高到了 72.7%，第二产业和第一产业分别降至 27.0%和 0.3%；江苏第三产业占比提高至 51.3%，第二产业和第一产业分别降至 44.4%和 4.3%；浙江第三产业提高至 54.0%，第二产业和第一产业分别降至 42.6%和 3.4%；安徽第三产业提高至 50.8%，第二产业和第一产业分别降至 41.3%和 7.9%。其中，第一产业占比安徽最高，高于全国 0.75 个百分点，江苏、浙江、上海分别低于全国 2.85、3.75、6.85 个百分点；第二产业占比江苏最高，高于全国 5.46 个百分点，浙江、安徽分别高于全国 3.66、2.36 个百分点，上海低于全国 11.94 个百分点；第三产业占比上海最高，高于全国 18.82 个百分点，浙江高于全国 0.12 个百分点，江苏、安徽分别低于全国 2.58、3.08 个百分点[3]。

表 1-1 长三角产业结构变化（2000～2019 年）

产业类型	2000 年				2019 年			
	上海	江苏	浙江	安徽	上海	江苏	浙江	安徽
第一产业	1.6%	12.2%	10.3%	25.6%	0.3%	4.3%	3.4%	7.9%
第二产业	46.4%	51.9%	53.3%	36.4%	27.0%	44.4%	42.6%	41.3%
第三产业	52.0%	35.9%	36.4%	38.0%	72.7%	51.3%	54.0%	50.8%

社会发展方面，长三角地区主要表现出以下两个特点。一是人口总数平稳增长。从 1990 年到 2019 年，长三角三省一市总人口呈平稳增长态势，年平均自然增长率大约为 8.06‰，高于中国整体的人口自然增长率（7.01‰）。从人口分布来看[图 1-4（a）]，2019 年长三角地区常住人口总数约 2.27 亿人，占中国总人口的比例为 16.2%，其中江苏常住人口占比最高，为 5.8%，其次为安徽，占比为 4.5%，浙江占比为 4.2%，上海占比为 1.7%。从常住人口密度对比[图 1-4（b）]可以看出，2019 年长三角地区常住人口密度为 632 人/公里^2，同期，全国的人口平均密度

为 145 人/公里^2[①②③④⑤]。从地区分布看，2019 年上海市的常住人口密度达到 3830 人/公里^2[①]。

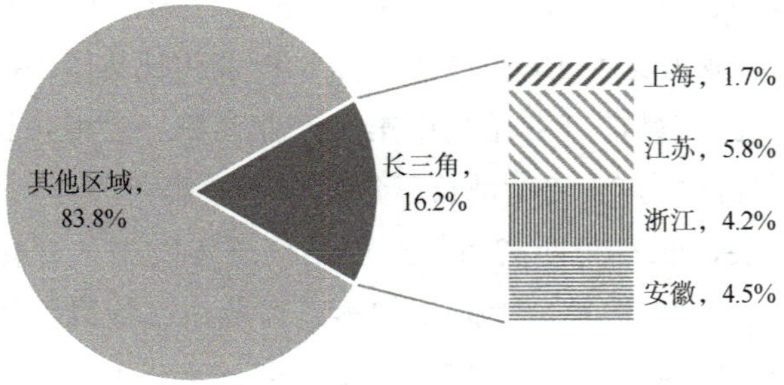

（a）常住人口数量占比

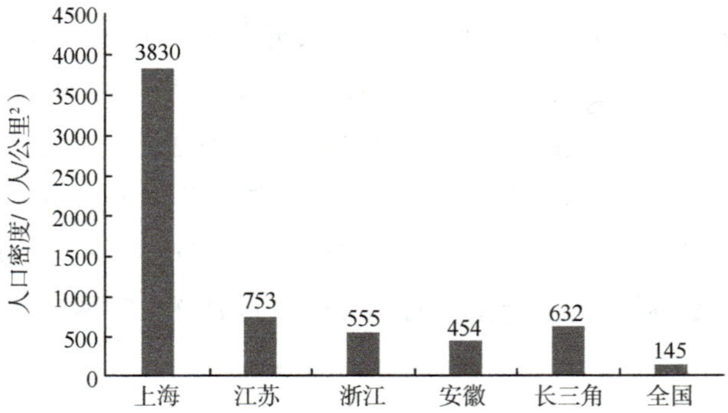

（b）常住人口密度对比

图 1-4　2019 年长三角地区人口分布特点

二是居民收入持续增长，城乡收入差距缩小。2019 年，上海市人均可支配收入为 69 442 元，城镇常住居民人均可支配收入为 73 615 元，农村常住居民人均可支配收入为 33 195 元[①]。江苏省人均可支配收入为 41 400 元，城镇常住居民人均可支配收入为 51 056 元，农村常住居民人均可支配收入为 22 675 元[②]。浙江省人均可支配收入为 49 899 元，城镇常住居民人均可支配收入为 60 182 元，农村常住

①《2019 年上海市国民经济和社会发展统计公报》，http://tjj.sh.gov.cn/tjgb/20200329/05f0f4abb2d448a69e4517f6a6448819.html [2020-03-29]。

②《2019 年江苏省国民经济和社会发展统计公报》，http://www.jiangsu.gov.cn/art/2020/3/3/art_34151_8994782.html [2020-03-03]。

③《2019 年浙江省国民经济和社会发展统计公报》，http://tjj.zj.gov.cn/art/2020/3/5/art_1229129205_519875.html [2020-03-05]。

④《安徽省 2019 年国民经济和社会发展统计公报》，http://www.ah.gov.cn/zfsj/tjgb/2019n/8287621.html [2020-03-11]。

⑤《中华人民共和国 2019 年国民经济和社会发展统计公报》，http://www.gov.cn/xinwen/2020-02/28/content_5484361.htm [2020-02-28]。

居民人均可支配收入为29 876元①。安徽省人均可支配收入为26 415元，城镇常住居民人均可支配收入为37 540元，农村常住居民人均可支配收入为15 416元②。2019年，上海、江苏、浙江、安徽四省市的城乡居民收入比分别为2.22、2.25、2.01、2.44。对比2017年，长三角四省市的人均可支配收入持续增长，城乡收入差距缩小。其中，上海、江苏、浙江、安徽人均可支配收入分别增加1.05万元、0.64万元、0.79万元、0.46万元，同期全国增加0.48万元；城乡居民收入比分别下降0.03、0.06、0.04、0.04，同期全国下降0.07[3]。

进入21世纪以来，长三角地区的经济增长速度从高速迈向中高速。近年来，随着长三角一体化的落实与推进，长三角地区经济社会的高质量发展迎来了新一轮机遇。新形势下，长三角地区在经济社会发展方面要进一步缩小地区差距，提升区域产业分工合作水平，不断提高市场整合度，改善基础设施及基本公共服务，不断完善体制机制，形成更加活跃的经济联系。

第三节 长三角生态环境

自20世纪90年代以来，长三角地区作为“世界级制造业基地”，国际化、工业化与城市化发展标兵，世界第六大城市群，中国城镇化分布密度最高、经济发展最具活力的地区之一，在成为中国区域经济一体化发展典范的同时，其整体生态环境恶化的问题也不容忽视。随着国家近些年对生态环境治理的高度重视和持续投入，长三角生态环境在最近几年有较大改善。总体上长三角地区生态环境质量以优、良为主。相比中国其他地区，长三角三省一市所在地区生态环境状况优良，该地区植被覆盖度高，生物多样性丰富，生态系统相对较为稳定。特别是浙江中西部和南部地区、安徽中南部和西部地区，其生态环境总体状况较好[4]。

一、水资源利用状况

水资源方面，长三角地区水系纵横，可利用资源量较大，基本满足了各行业发展的需要。从历年水资源总量来看，长三角地区水资源总量总体趋于稳定。2019年，长三角水资源总量合计2141.4亿立方米，占全国的比例为7.4%[5]。浙江水资源总量达到1322亿立方米，是长三角地区水资源总量最丰富的省份。其次为安徽，

---

①《2019 年浙江省国民经济和社会发展统计公报》，http://tjj.zj.gov.cn/art/2020/3/5/art_1229129205_519875.html [2020-03-05]。

②《安徽省2019年国民经济和社会发展统计公报》，http://www.ah.gov.cn/zfsj/tjgb/2019n/8287621.html [2020-03-11]。

2019 年该地区的水资源总量为 540 亿立方米。江苏排名第三，2019 年水资源总量为 232 亿立方米。2019 年上海水资源总量为 49.2 亿立方米。长三角地区人均水资源情况与水资源总量情况类似。如图 1-5 所示，2004～2019 年该地区人均水资源总量在波动中趋于平稳。2019 年，上海、江苏、浙江、安徽四省市的人均水资源拥有量分别为 199 立方米、287 立方米、2281 立方米和 851 立方米。

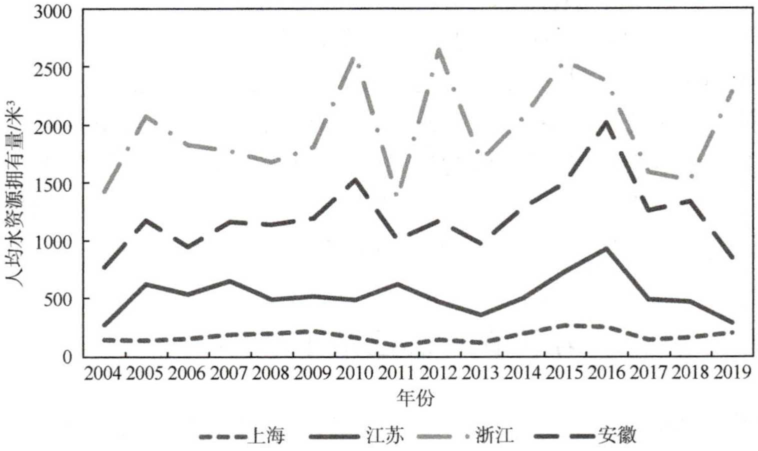

图 1-5　2004～2019 年长三角地区人均水资源拥有量

从用水总量来看，2019 年上海、江苏、浙江、安徽的用水总量分别为 100.9 亿立方米、619.1 亿立方米、165.8 亿立方米和 277.7 亿立方米，占全国用水总量的 19.3%[5]。从用水结构看（图 1-6），2019 年上海市的工业用水占比达 58.4%，为长三角最高；江苏省的农业用水高于工业用水，二者总量占比达 89.1%，浙江、安徽两省农业生产较为发达，农业用水比例较高，特别是安徽，农业用水占比达到 54.1%。生活用水和生态用水是其余两类水源消耗方式。

综合水资源和用水情况看，上海和江苏两地的水资源总量均少于其用水总量。为贯彻国务院办公厅印发的《实行最严格水资源管理制度考核办法》（国办发〔2013〕2 号）①和践行“国家节水行动”②“河长制湖长制”③等相关计划，长三角地区着手对水资源进行优化管理，各地都出台了相应的管理规范和考核条例，特别是在上海、江苏这两个水资源相对较为紧张的省市。例如，上海市组成了实施最严格水资源管理制度考核工作组，连续多年对政府、特大型取用水户进行最

---

①《国务院办公厅关于印发实行最严格水资源管理制度考核办法的通知》，http://www.gov.cn/zhengce/content/2013-01/06/content_2302.htm [2013-01-06]。

②《发展改革委 水利部联合印发〈国家节水行动方案〉》，http://www.gov.cn/xinwen/2019-04/19/content_5384418.htm [2019-04-19]。

③《水利部关于印发对河长制湖长制工作真抓实干成效明显地方 进一步加大激励支持力度的实施办法的通知》，http://www.gov.cn/zhengce/zhengceku/2019-10/15/content_5440204.htm [2019-10-15]。

严格水资源管理制度考核，并公布考核结果①。江苏省也修订了《江苏省水资源管理条例》②，进一步加强对当地水资源的管理与保护。2020 年 7 月 22 日，水利部会同多部委对 31 个省（自治区、直辖市）2019 年度实行最严格水资源管理制度情况进行了考核，其中江苏、上海、浙江考核等级为优秀，安徽为合格③。

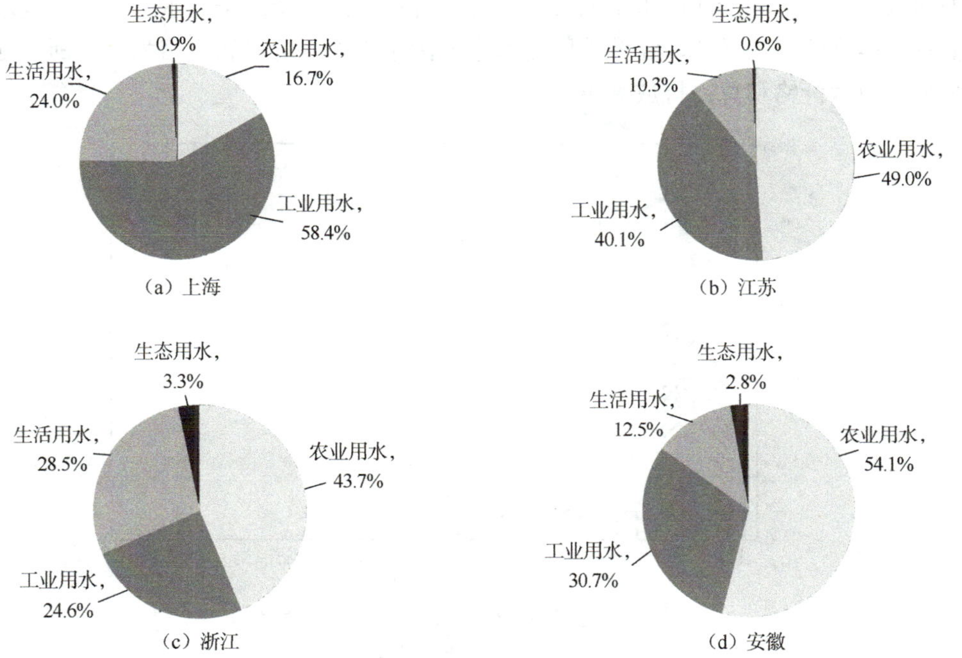

图 1-6　2019 年长三角地区三省一市用水结构

二、水污染状况

从废水排放数量看，2017 年长三角四省市共排放废水 147.49 亿吨，占全国废水排放总量的 21.13%[5]。四个地区中，废水排放量最高的为江苏地区，占全国的比例为 8.27%，其次为浙江地区，占全国的比例为 6.51%，第三为安徽地区，占全国的比例为 3.34%，最低的为上海，占全国的比例为 3.01%。各地区的排放量与经济总量基本成正比。从废水中污染物排放种类看，如图 1-7（a）所示，长三

①《上海市水务局、上海市河长制办公室关于印发 2020 年度“河长制湖长制”和“水资源管理（实行最严格水资源管理制度）”考核指标分解表及工作评分表的通知》，http://www.shanghai.gov.cn/nw12344/20200813/0001-12344_65291.html [2020-08-13]。

②《江苏省水资源管理条例》，http://fzggw.jiangsu.gov.cn/art/2018/9/10/art_59310_7810519.html [2018-09-10]。

③《关于发布 2019 年度实行最严格水资源管理制度考核结果的公告》，http://www.mwr.gov.cn/zw/tzgg/tzgs/202007/t20200722_1419581.html [2020-07-22]。

角地区废水中污染物以化学需氧量、总氮、总磷、石油类、挥发酚和氨氮为主，各类污染物占全国的比例分别为 17.6%、20.9%、18.2%、24.1%、21.1%和 18.8%[5]。各地废水中污染物的种类不尽相同。如图 1-7（a）、（b）所示，安徽省化学需氧量、氨氮、总氮高于全国平均水平，四省市废水中铅、汞、镉、砷含量低于全国平均水平，江苏和浙江废水中六价铬和总铬含量均高于全国平均水平。上海废水中石油类排放最为显著，江苏地区废水中的污染物以六价铬和总铬为主，浙江地区废水中六价铬和总铬排放突出。

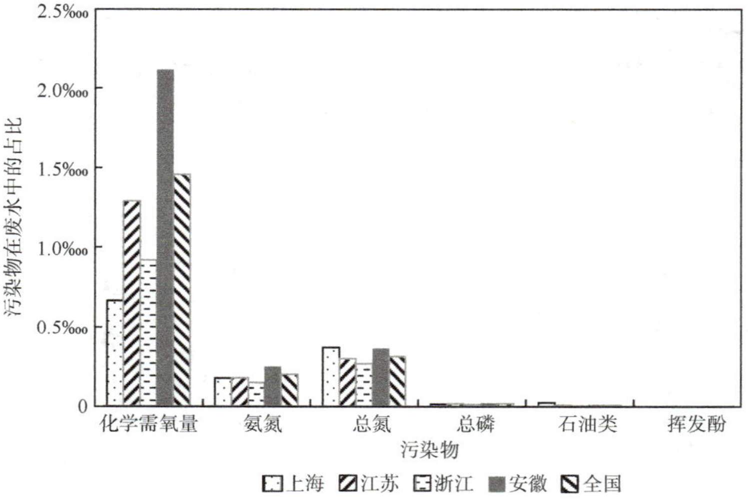

(a) 废水中污染物种类

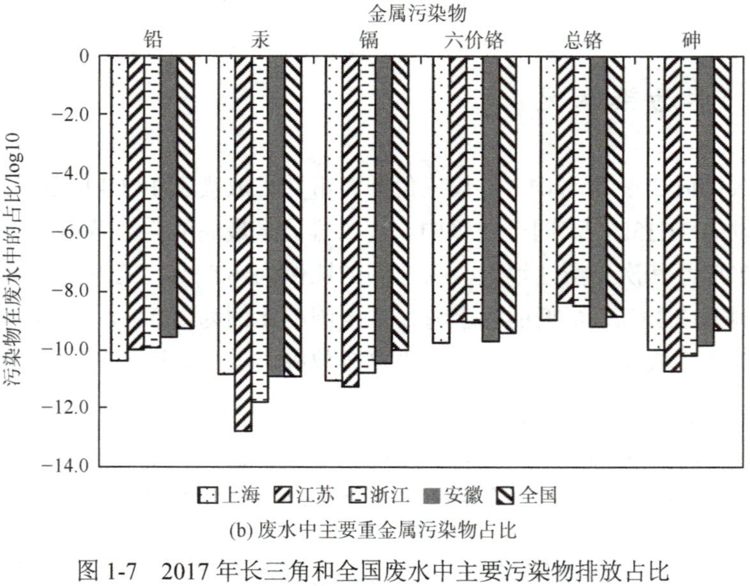

(b) 废水中主要重金属污染物占比

图 1-7　2017 年长三角和全国废水中主要污染物排放占比

提到重金属污染物时通常包括砷

从流域污染来看，2019 年长三角三省一市所在的长江流域水质为优，但长三角所在的东海、杭州湾海域的水质较差。东海海域未达一类海水水质标准的海域面积中有 54.2%的海域水质为四类及劣四类水质[4]，污染严重，主要污染指标为无机氮和活性磷酸盐。上海和浙江近岸海域水质极差[4]，亟须治理。因此，水资源的涵养和保护势在必行，仍不能放松对长三角地区水体保护的警惕。

三、大气环境状况

2017 年全国 74 个城市环境空气质量综合指数排名结果表明，位于长三角地区的 26 个被监测城市的空气质量综合指数整体排名处于中上等[6]。从长三角地区 26 个被监测城市来看，徐州、扬州、镇江、合肥等市的环境空气质量综合指数高，污染比较严重，丽水的环境空气质量综合指数最低。2017 年，长三角地区 26 个被监测城市的主要污染物种类不同。六种主要污染物（$PM_{2.5}$、PM_{10}、O_3、SO_2、NO_2 和 CO）中，舟山、上海、南通三个地区的首要污染物是 O_3，苏州和南京的首要污染物是 NO_2，其余城市的首要污染物是 $PM_{2.5}$[6]。2018 年，根据《打赢蓝天保卫战三年行动计划》，环境空气质量被监测城市从第一阶段的 74 个扩大到包括京津冀及周边地区、长三角地区（将安徽列入长三角）的 169 个城市，2019 年统计城市调整为 168 个。从公布的 2019 年 168 个城市环境空气质量综合指数排名来看，舟山、黄山、丽水、台州、温州分列第 3 名、第 5 名、第 7 名、第 10 名和第 18 名，长三角地区没有城市排进后 20 名[4]。长三角地区 41 个城市优良天数比例范围为 56.5%～98.1%，平均优良天数比例为 76.5%，平均超标天数比例为 23.5%，超标天数中，以 O_3、$PM_{2.5}$、PM_{10} 和 NO_2 为首要污染物的天数分别占总超标天数的 49.5%、44.3%、5.1% 和 1.3%，未出现以 SO_2 和 CO 为首要污染物的污染天[4]。

自实施新标准环境监测以来，长三角地区大气环境有明显改善，长三角《大气污染防治行动计划》①确定的目标超额实现。历年《中国生态环境状况公报》（2016 年及以前为《中国环境状况公报》）发布的数据表明，2019 年长三角 $PM_{2.5}$ 平均浓度相比 2013 年下降了 38.8%，PM_{10} 平均浓度下降了 36.9%，SO_2 平均浓度下降了 70.0%，NO_2 平均浓度下降了 23.8%（图 1-8）。党的十九大以来，中央政府进一步加大了对生态环境保护的治理决心和治理力度，提出“用最严格制度最严密法治保护生态环境”②，“为子孙后代留下生存根基”③。除 $PM_{2.5}$ 外，O_3 成

---

①《国务院关于印发大气污染防治行动计划的通知》，http://www.gov.cn/zhengce/content/2013-09/13/content_4561.htm[2013-09-13]。

②《用最严格制度最严密法治保护生态环境》，http://www.gov.cn/xinwen/2018-09/18/content_5322868.htm [2018-09-18]。

③《习近平主持中共中央政治局第四十一次集体学习》，http://www.gov.cn/xinwen/2017-05/27/content_5197606.htm [2017-05-27]。

为下一步长三角地区大气污染治理的重点。长三角地区在践行更高质量一体化发展的国家战略时，必然会进一步重视长三角大气环境治理的联防联控。

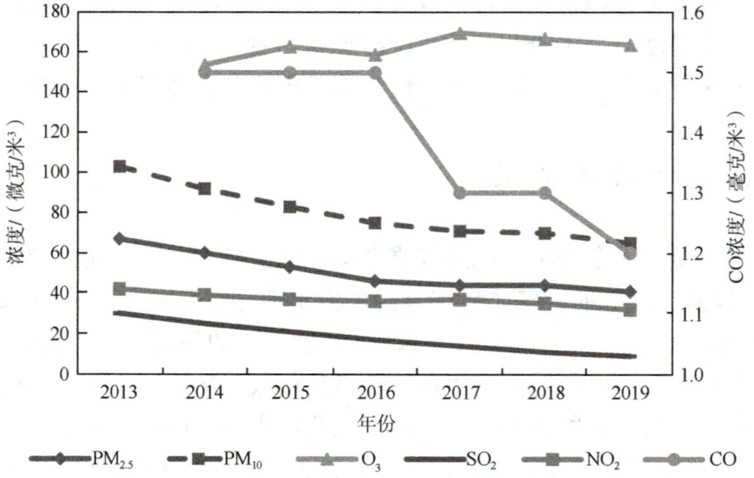

图 1-8　2013～2019 年长三角地区主要污染物浓度

2017 年及以前长三角地区仅包括除安徽外的 26 个城市，2018 年起长三角地区包括安徽

四、能源相关二氧化碳排放

图 1-9 为长三角三省一市 2018 年由化石能源活动引起的 CO_2 排放。CO_2 排放测算方法参考联合国政府间气候变化专门委员会（Intergovernmental Panel on Climate Change，IPCC）的方法[7]，相关能源消耗和碳排放系数依据一些公开统计数据和文献计算[8, 9]。计算结果表明，2018 年长三角三省一市 CO_2 排放总量约 15.8 亿吨，占全国 CO_2 排放总量的 16.2%。相比 2016 年，长三角三省一市的 CO_2 排放量降低了 2.5%，同期全国的 CO_2 排放量增加了 5.2%，说明长三角在减少化石能源使用、降低 CO_2 排放方面取得了显著的成效。

从地区 CO_2 排放水平来看：2018 年江苏排放 CO_2 63 105.8 万吨，占全国 CO_2 排放总量的比例为 6.5%；浙江 CO_2 排放量为 37 199.9 万吨，占全国 CO_2 排放总量的比例为 3.8%；安徽 CO_2 排放量为 37 059.6 万吨，占全国的比例为 3.8%；上海 CO_2 排放量为 20 363.7 万吨，占全国的比例为 2.1%。对比发现，长三角三省一市 CO_2 排放量高于一些国家的 CO_2 排放。例如，法国 2018 年的 CO_2 排放量约 30 720 万吨，波兰 2018 年的 CO_2 排放量约 31 953 万吨，英国 2018 年的 CO_2 排放量约 39 689 万吨，澳大利亚 2018 年的 CO_2 排放量约 41 110 万吨，加拿大 2018 年的 CO_2 排放量约 56 564 万吨[10]。

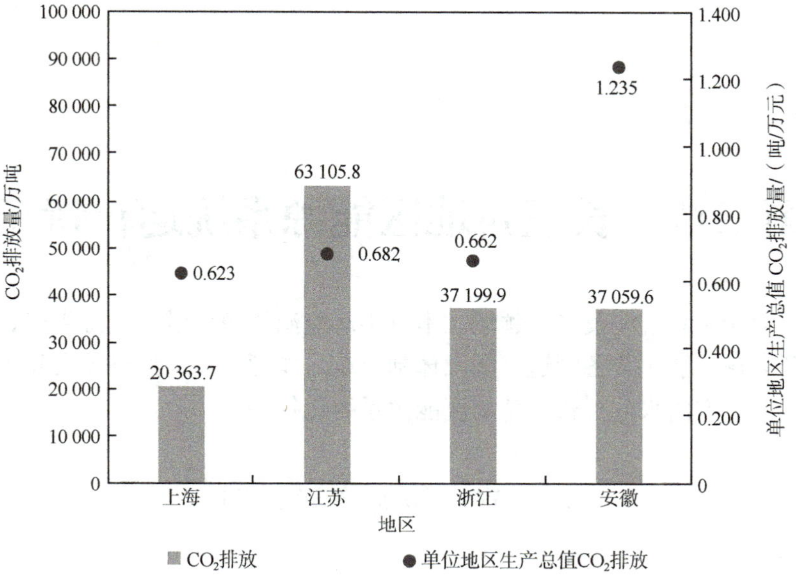

图 1-9　2018 年长三角三省一市 CO_2 排放量

由于 CO_2 排放与化石能源挂钩，化石能源消费量的高低决定了 CO_2 排放总量的大小。从单位地区生产总值 CO_2 排放来看，2018 年长三角每万元地区生产总值 CO_2 排放为 0.746 吨，低于全国平均值 1.083 吨。其中，上海的单位地区生产总值 CO_2 排放最低，为 0.623 吨/万元，其次为浙江（0.662 吨/万元）、江苏（0.682 吨/万元），安徽的单位地区生产总值 CO_2 排放最高（1.235 吨/万元），高于全国平均值。可见，长三角三省一市的 CO_2 排放量和单位地区生产总值 CO_2 排放均存在明显的地域差异，各地区还需结合各自实际情况考虑如何进一步降低 CO_2 排放量。

第二章　长三角地区能源系统运行特点

长三角能源系统涉及多个领域，本章将从能源资源禀赋、能源生产、能源消费、能源运输、能源装备制造、能源体制改革、能源发展与经济社会和生态环境的关系这七个方面来分析长三角地区能源系统运行特点。

第一节　能源资源禀赋

一、化石能源

表 2-1 为长三角地区三省一市化石能源资源禀赋情况。2017 年，长三角四省市的石油资源总量为 2968 万吨，占全国石油资源总量的 0.85%；天然气资源总量为 23.56 亿立方米，仅占全国天然气资源总量的 0.04%；煤炭资源总量为 93.19 亿吨，占全国煤炭资源总量的 3.74%。从各省市的资源禀赋来看，上海没有煤炭、石油、天然气等化石能源资源，浙江仅有少量的煤炭资源，江苏有 2729.5 万吨的石油资源储量、23.31 亿立方米的天然气储量以及 10.39 亿吨的煤炭资源储量，安徽有 238.5 万吨的石油资源储量、0.25 亿立方米天然气资源储量以及 82.37 亿吨的煤炭资源储量。近些年，安徽两淮地区发现了大量的煤系天然气，预测地质资源量 1.9 万亿立方米，预测可采储量约 3000 亿立方米①。据测算，安徽还拥有页岩气地质资源量约 3.37 万亿立方米，属全国页岩气五大优选地区之一②（涪陵页岩气数据比较：涪陵页岩气田储量 2.1 万亿立方米。截至 2019 年 12 月 31 日，涪陵页岩气田探明已开发储量 372.4 亿立方米[11]。2018 年涪陵页岩气年产量突破 60 亿立方米③。截至 2020 年 4 月 5 日，涪陵页岩气田已累计产气 293.75 亿立方米④）。

---

①《安徽两淮地区煤系天然气重要发现：预测地质资源量 1.9 万亿立方米》，http://www.gov.cn/xinwen/ 2017-04/23/content_5188402.htm [2017-04-23]。

②《安徽页岩气地质资源量约为 3.37 万亿立方米》，http://www.mnr.gov.cn/dt/kc/201412/t20141209_ 2320236.html [2014-12-09]。

③《企业大事件》，http://jhof.sinopec.com/jhof/about_us/bbe/ [2020-08-08]。

④《我国首个页岩气田全面实现复工复产》，http://news.cnstock.com/news,bwkx-202004-4515196.htm [2020-04-05]。

2020 年 4 月，安徽淮南潘集煤矿新发现煤炭资源 48.57 亿吨，其中–1500 米浅煤炭资源储量 37.57 亿吨，均为优质炼焦煤①。安徽丰富的化石能源资源，将为长三角一体化发展提供能源保障。

表 2-1　2017 年长三角及全国化石能源资源禀赋

全国及长三角地区	实物量			占全国比例		
	石油/万吨	天然气/亿米^3	煤炭/亿吨	石油	天然气	煤炭
上海	0	0	0	0	0	0
江苏	2 729.5	23.31	10.39	0.78%	0.04%	0.42%
浙江	0	0	0.43	0	0	0.02%
安徽	238.5	0.25	82.37	0.07%	0	3.31%
长三角	2 968	23.56	93.19	0.85%	0.04%	3.74%
全国	350 120.3	54 365.46	2 492.26	100%	100%	100%

资料来源：实地调研

注：表中石油、天然气的数据均为剩余技术可采储量

二、风能资源潜力

中国幅员辽阔，陆疆线总长达 2 万多公里，还有 18 000 多公里的海岸线，共有海岛 11 000 余个[12]，风能资源丰富。按区域来看，东海海岛数量约占我国海岛总数的 59%，其中，位于浙江的海岛数量占了总海岛数量的 37%[12]。按风能资源分布区域来看，风能资源主要包括陆上风能资源和海上风能资源。为获取中国陆上风能资源分布及可开发等情况，中国气象局、国家发展和改革委员会（以下简称国家发改委）等机构分别自 20 世纪 80 年代初起对全国风能资源开展了四次普查工作。2014 年的第四次调查结果采用了全国 400 座高度在 70～120 米的测风塔的观测资料和风能资源数值模拟系统，得出中国的陆上风能资源储量大约为 7300 吉瓦（50 米）、9100 吉瓦（80 米），其中 70 米高度层的技术可开发量为 2600 吉瓦，经济可开发量为 6.63 万亿千瓦时（70 米，0.6 元/千瓦时）[13]。数据表明，全国陆面 70 米高度年均风速为 5.5 米/秒，年平均风功率密度约为 232.4 瓦/米^2[14]。

从陆上资源分布来看，我国陆上优质风能资源主要集中在内蒙古中东部、东北、青藏高原、新疆、云南、四川等地区，我国中部和东部沿海地区风能资源较少，使得风能资源所在区和负荷中心形成逆向分布的特点。另据相关机构测算，中国拥有 5 亿千瓦的海上风能资源潜在开发量，约占陆上风能资源的 19%，每年

①《安徽淮南新发现煤炭资源量 48.57 亿吨，为优质炼焦用煤》，http://fzggw.ah.gov.cn/jgsz/wgdw/snyj/ahnygz/140760751.html [2020-04-18]。

海上风电资源潜在开发量约 1.4 万亿～11 万亿千瓦时[13]。2004～2011 年，国家海洋局组织的全国第四次近海可再生能源普查结果表明，我国近海 50 米等深线以内风能资源总储量为 8.83 亿千瓦，技术可开发量为 5.70 亿千瓦[15]。中国沿海风能分布存在时空分布不均、季节变化明显的特点，且受海表温度和城市化发展等因素的影响[16]。东南沿海及其附近岛屿是风能资源丰富地区，有效风能密度大于或等于 200 瓦/米^{2}的等值线平行于海岸线：沿海岛屿有效风能密度在 300 瓦/米^{2}以上，全年中风速大于或等于 3 米/秒的时数约为 7000～8000 小时，大于或等于 6 米/秒的时数为 4000 小时。

2009 年，国家发改委发布了《关于完善风力发电上网电价政策的通知》，将全国风能资源划分为四类资源区，其中上海、江苏、浙江、安徽四省市均属于第Ⅳ类风能资源区。全国第三次风能资源普查结果显示（表 2-2），上海、江苏、浙江、安徽四省市的陆上风能资源总储量分别为 310 万千瓦、3469 万千瓦、2120 万千瓦和 3179 万千瓦，其中，四个地区的风功率密度都以小于 50 瓦/米^{2}为主[17]。2018 年，上海、江苏、浙江、安徽四省市陆地 70 米高度平均风功率密度≥150 瓦/米^{2}的区域面积分别为 0.8 万平方公里、9.5 万平方公里、4.1 万平方公里和 8.6 万平方公里。依据近 30 年风能资源值，以 GW108/2000 风机为基准推算理论年发电量，可知上海市的理论年发电量距离平均值偏小 3.9%，江苏省偏小约 1.4%，浙江省偏小约 0.3%，安徽省的理论年发电量偏大约 1.5%[18]。调查显示，安徽具有一定开发价值的风力资源主要分布在江淮分水岭、安庆沿江和皖北低山丘陵等地区。江苏则坚持海陆并举、以海为主，重点引导内陆中低风速风能开发和分散式风电发展。

表 2-2　长三角地区陆上风能资源储量　　单位：万千瓦

地区	<50 瓦/米^2	50～100 瓦/米^2	100～150 瓦/米^2	≥150 瓦/米^2	总储量
江苏	2805	349	90	226	3469
浙江	1660	170	120	170	2120
上海	110	95	44	62	310
安徽	3179	0	—	—	3179

注：由于四舍五入，可能存在总储量与各分项之和有偏差的情况

从近海风能资源分布看，长三角地区近海风能资源最丰富的是浙江南部沿海（风力资源等级为 3～5 级），其次是浙江北部沿海（风力资源等级为 3～4 级），江苏省近海海域风能资源等级为 3 级。其中，浙江南部近海海域虽然风能资源更为丰富，但易受台风影响[19]。

有研究表明，长三角地区近地层风能受局部地形、下垫面（指大气与其下界

的固态地面或液态水面的分界面）的影响较大，影响最小的是秋季，影响最大的是春季，可利用的区域为江苏、上海、浙江的海岸带附近，舟山群岛，浙江南部地区的山顶以及太湖、洪泽湖等水域[20]。除近地层风能外，海拔在 300 米和 10 000 米之间的中、高空风能也被认为是一种新的可开发的可再生能源。对长三角地区高空风能的研究资料显示，随着高度的增加，大气环流对高空风能的分布起主导作用，基本呈现纬向带状分布，万米高空风能已经基本不受地形的影响，冬季风速最大，江苏中部的高空风能大于长三角其他区域，是未来捕捉高空风能的最佳区域[20]。因此，加快长三角低速风区的风能资源开发是未来长三角地区实现高比例可再生能源利用目标的重要途径之一。

三、太阳能资源潜力

太阳能是继水电、风电之后的第三大可再生能源。近几年来，中国太阳能发电增长极为迅速，发电量从 2011 年的 2.6 万亿瓦时增加到 2019 年的 223.8 万亿瓦时，发电量占全球的比例也相应地从 4.0%增加到 30.9%，规模已达全球第一[10]。2019 年，我国光伏发电累计装机达到 20 430 万千瓦①，相比 2015 年增长了 373.1%。如此快速的发展一方面得益于太阳能技术的进步和政策的支持，另一方面得益于中国丰富的太阳能资源。数据显示，2019 年全国陆地表面平均的水平面总辐射年辐照量为 1470.9 千瓦时/米 ^{2}[14]，受到维度、地势、气候等因素的影响，太阳能资源分布呈现明显的区域性特征[21]。

总体上，中国太阳能分布呈现高原、少雨干燥地区大，平原、多雨高湿地区小的特点[18]。太阳能资源最丰富的地区是在我国东北西部、华北北部、西北大部和西南中西部，水平面总辐射年辐照量超过 1400 千瓦时/米 ^{2}，其中甘肃西部、内蒙古西部、青海西部、西藏中西部的水平面总辐射年辐照量超过 1750 千瓦时/米 ^{2}。太阳能资源很丰富的地区集中在新疆大部、内蒙古大部、甘肃中部、宁夏、陕西北部、山西北部、河北中北部、青海东部、西藏东部、四川西部、云南大部、海南中南部，其水平面总辐射年辐照量在 1400～1750 千瓦时/米 ^{2}。东北大部、华北南部、黄淮、江淮、江汉、江南及华南大部属于太阳能资源丰富地区，水平面总辐射年辐照量为 1050～1400 千瓦时/米 ^{2}。重庆、贵州中东部、湖南西北部及湖北西南部地区为太阳能资源一般区，水平面总辐射年辐照量不足 1050 千瓦时/米 ^{2}。从资源总量上看，中国大部分地区都适宜太阳能开发利用。

2013 年，国家发改委出台了《关于发挥价格杠杆作用促进光伏产业健康发展的通知》，根据年等效利用小时数，该文件将全国划分为三类太阳能资源区，其中

① 《2019 年光伏发电并网运行情况》，http://www.nea.gov.cn/2020-02/28/c_138827923.htm [2020-02-28]。

年等效利用小时数大于1600小时为一类资源区，年等效利用小时数在1400～1600小时为二类资源区，年等效利用小时数在1200～1400小时为三类资源区。据此，上海、江苏、浙江、安徽四省市则属于三类资源区[22]。

江苏省是长三角三省一市中太阳能资源相对丰富且太阳能利用规模相对较大的省。全省水平面总辐射年辐照量为1348千瓦时/米^2，其中，连云港地区、盐城北部、徐州东北部及宿迁北部地区的太阳能资源较为丰富，年均太阳总辐射可达5000兆焦/米^2，年均日照时数在2300小时以上，苏南及中部地区年均总辐射相对较少[23]。

太阳能的开发利用潜力往往受制于多个影响因素。有人从资源条件、土地条件、消费水平、政策保障四个层面分析了中国不同区域的光伏发电开发潜力，其中华东地区的光伏发电开发潜力次于西北、华北等太阳能资源丰富的地区[24]。并且，政策保障、消费水平、土地条件等对光伏发电开发潜力有着不同程度的影响。从各影响因素的权重看，金融扶持、年辐射量、激励政策、政府重视程度、年有效天数、土地面积、年日照时数、电力净输入量、地形平坦度、当地经济水平、土地类型和电力消费量等因素对光伏发电开发潜力的影响依次递减[24]。因此，长三角三省一市的太阳能资源开发还需结合一系列的因素综合考量，以便制订更符合当地实际情况的太阳能开发利用方案。

第二节　能源生产情况

一、化石能源

（一）煤炭

煤炭在长三角地区能源供应中扮演着重要角色。1995年长三角地区原煤产量为7220万吨，2012年长三角地区原煤产量达到峰值（17 168.2万吨）后开始下降（图2-1）[8]，2019年长三角原煤产量降至12 774.9万吨，占全国原煤总产量的3.4%①。从地区来看，上海不产原煤，浙江省2013年以前有少量原煤生产，江苏省原煤产量在长三角地区排名第二，安徽省的原煤生产量在长三角地区最高，2017～2019年安徽省煤炭产能占长三角地区煤炭产量的比重均超过90%[8]。安徽省煤炭年产量自2012年达峰后整体呈下降趋势，2017年煤炭年产量下降至11 724.4万吨，2018年约为11 529.1万吨，2019年煤炭产量降低到10 989.5万吨。2018年安徽全省拥有生产煤矿42对、核定产能1.34亿吨/年，单井平均产能318

---

①《2019年1-12月我国原煤产量为374552.5万吨 同比增长4.2%（附各省数据）》，http://data.chinabaogao.com/nengyuan/2020/01214Mc32020.html [2020-01-21]。

万吨/年[①]，2019 年安徽全省共有 40 对正常生产煤矿，单井平均产能 316 万吨，居全国首位[②]。

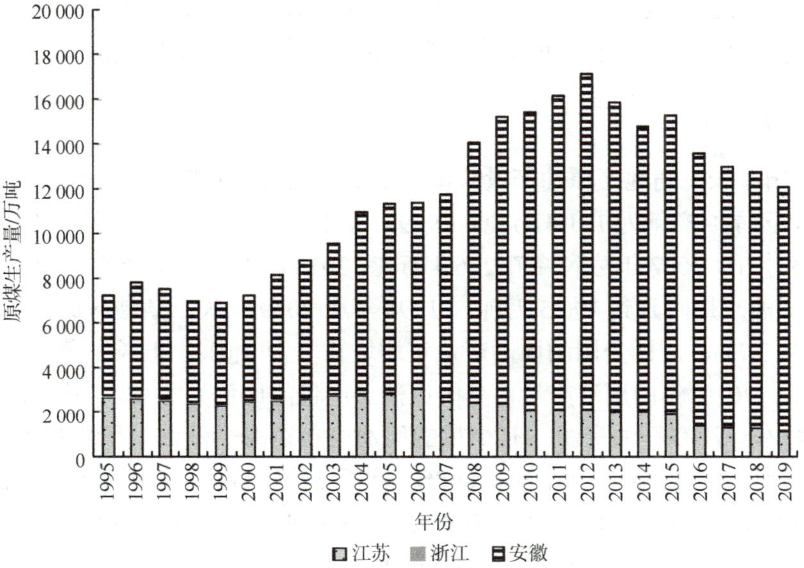

图 2-1　1995～2019 年长三角原煤产量

淮河能源集团是安徽省的产煤主力。淮河能源集团拥有现代化大型矿井 12 对，其中本土 9 对、内蒙古鄂尔多斯 3 对，核定产能 7610 万吨[③]。淮南煤矿还拥有控股、均股、参股电厂 27 座，电力总装机规模 3781 万千瓦，权益规模超过 1669 万千瓦，煤矿办电（煤电联产）“淮南模式”获得国家高度认可并推向全国[①]。淮北矿业集团是安徽省内第二大煤炭生产企业，公司拥有生产矿井 17 对、在建矿井 1 对，年产原煤 3000 万吨，电力总装机规模 200 万千瓦[④]。此外，中煤新集能源股份有限公司、皖北煤电集团有限责任公司也是安徽省内的重要煤炭生产企业。2019 年，淮河能源（集团）股份有限公司、淮北矿业（集团）有限责任公司、中煤新集能源股份有限公司、皖北煤电集团有限责任公司等 4 家煤炭企业贡献了安徽原煤总产量的 98%以上[⑤]。

---

①《安徽省 2018 年煤炭行业运行报告及 2019 年形势展望》，http://fzggw.ah.gov.cn/jgsz/wgdw/snyj/ahnygz/115791961.html [2019-04-12]。

②《2019 年度安徽煤矿安全生产创历史最好水平》，http://www.aqsc.cn/news/202003/09/c122830.html [2020-03-09]。

③《淮河能源集团概况》，http://www.hhnykg.com/about.html [2020-12-31]。

④《淮北矿业企业简介》，http://www.hbcoal.com/gsgk/gsjj.htm[2020-12-31]。

⑤《2019 年安徽原煤产量近 1.1 亿吨 四大煤企贡献 98.29%》，http://www.ccoalnews.com/202003/23/c123540.html [2020-03-23]。

这些年，安徽省煤炭大量开采带来的地质沉陷、环境修复等问题较为突出，且难以有效解决。目前，安徽就修复矿区塌陷问题主要采取了两种方式：一是将塌陷后形成的水库改建成景观；二是在水库上建设漂浮式光伏电站。也有学者建议在高度差较大的上下水库间建抽水蓄能电站，目前正处于研究阶段。

（二）原油

近些年，长三角地区原油产量整体上呈现小幅波动的特点（图 2-2）。1995 年，长三角地区原油产量为 101.4 万吨，1999 年后长三角地区原油生产保持在一个相对较高的水平，2007 年达到峰值 216.4 万吨，2018 年原油产量降低至 157.8 万吨，2019 年原油产量回升到 190.5 万吨①。1995 年至 2019 年长三角地区原油产量年均增长率为 2.7%，同期全国的原油产量年均增长率为 1.0%。但长三角地区原油产量仍偏小，2019 年的原油产量占全国原油总产量的比例为 1.0%。从地区分布来看，上海本身没有石油资源，其少量的原油产自东海平湖油气田。1999 年上海原油产量为 54.7 万吨，2001 年原油产量增至 58.9 万吨后呈下降趋势，2009 年起降至 10 万吨以下，2018 年原油产量低至 6.5 万吨，2019 年上海原油产量恢复到 39.1 万吨①。江苏是长三角地区原油生产的主力。2019 年江苏原油产量为 151.4 万吨，占长三角地区原油总产量的 79.5%①。江苏境内有江苏油田。江苏油田油气勘探领域主要包括：苏北盆地古近系（含泰州组）、江苏下扬子区海相中、古生界、南华北盆地阜阳地区、北部湾盆地徐闻区块，以及南方新区中小盆地等，

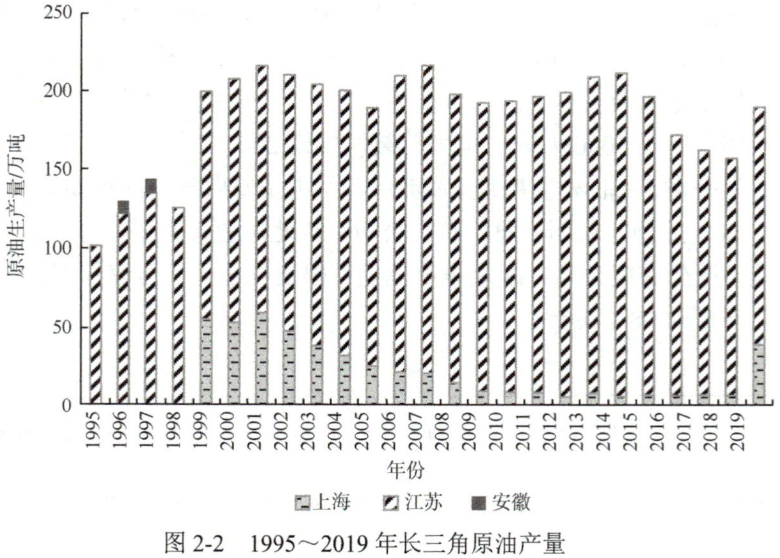

图 2-2　1995～2019 年长三角原油产量

① 《国家数据-分省年度数据-能源-主要能源产品生产量》，https://data.stats.gov.cn/easyquery.htm?cn=E0103 [2020-12-31]。

主要分布在江苏、安徽、广东、福建、浙江和江西等地区，拥有探矿权区块 12 个，探矿权面积 4.83 万平方公里①。安徽在 20 世纪 90 年代有少量原油生产，浙江无原油生产。

（三）天然气

长三角天然气生产有三个阶段的特征：1995～1999 年，天然气产量非常低，仅江苏有少量天然气生产；2000～2005 年天然气产量稳步上升，2005 年达到第一次峰值（6.71 亿立方米）后下降，2015 年产量降至 2.25 亿立方米；2016～2019 年，天然气产量快速反弹，从 2016 年的 6.73 亿立方米提高到 2019 年的 26.79 亿立方米（图 2-3）②。可以看出，长三角地区天然气产量近几年来取得快速突破，但占全国的比例仍相对较低，2019 年长三角天然气产量占全国天然气总产量的比例为 1.5%。从地区来看，上海和江苏是长三角的天然气生产主力。上海天然气主要产自东海平湖油气田。上海的天然气产量在 2005 年第一次达峰后下降，2017 年的产量为 1.71 亿立方米，占全国的比例约 0.1%，2018 年和 2019 年该地区的天然气产量分别增至 14.54 亿立方米和 12.47 亿立方米。江苏从 2016 年起扩大了天然气产量，2017 年江苏生产了 2.94 亿立方米天然气，占全国的比例为 0.2%。2018 年江苏省天然气产量进一步增加，2019 年天然气产量增加到 12.19 亿立方米。江苏省天然气的生产来自江苏油气田。安徽原本不生产天然气，全靠外省调入或进

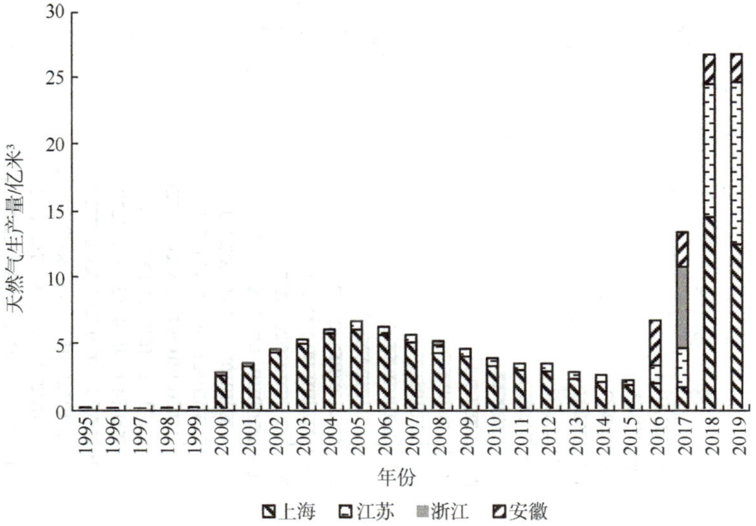

图 2-3 1995～2019 年长三角地区天然气产量

① 《中国石化江苏油田分公司油气勘探介绍》，http://jsof.sinopec.com/jsof/domain/oil_explor/ [2020-12-31]。

② 《国家数据-分省年度数据-能源-主要能源产品生产量》，https://data.stats.gov.cn/easyquery.htm?cn=E0103 [2020-12-31]。

口，但安徽 2016 年生产了 3.38 亿立方米天然气，2019 年降至 2.12 亿立方米。安徽的天然气生产主要是依托省内已探明的煤系天然气。《中国安徽省煤层气市场研究与投资前景报告（2018 版）》显示，安徽省煤层气资源主要集中在两淮煤田，2000 米以浅煤层气资源量约 8984.69 亿立方米。据悉，安徽宿州煤层气开发实验项目于 2018 年 4 月 8 日启动钻井。浙江多年不产天然气，2017 年浙江生产了 6.14 亿立方米天然气，居当年长三角三省一市天然气产量之首，接近其余三省市的天然气产量之和。2018 年浙江天然气产量骤降，2019 年天然气产量仅 0.01 亿立方米。综上，长三角本地的天然气生产形成“沪苏齐头并进、安徽后起发力”的全新格局。

二、发电

在电力生产方面，因为本地电网对外来电量有限制，且接近负荷中心，长三角的电力工业相较化石能源的生产是非常庞大的。1995 年，该地区的发电总量为 1815.6 亿千瓦时，随后快速增长，2013 年第一次达到峰值 10 191.3 亿千瓦时，2014 年发电量略有下降，2016 年长三角发电量又快速上升，2019 年长三角发电总量进一步上升至 12 412.9 亿千瓦时[①]（图 2-4），占全国的比例为 16.5%，相比 1995 年增长了 5.8 倍。从地区分布看，江苏省是长三角地区最大的电力生产省份，2019 年江苏省发电量达到 5166.4 亿千瓦时，占全国发电总量的 6.9%。浙江省发电量在长三角地区排名第二，2019 年浙江共发电 3537.7 亿千瓦时，占全国的比例为 4.7%。安徽 2019 年共发电 2886.7 亿千瓦时，占全国发电总量的 3.8%。相较其他三省，上海市发电体量较小，2017～2019 年上海市本地自发电量有所下降。

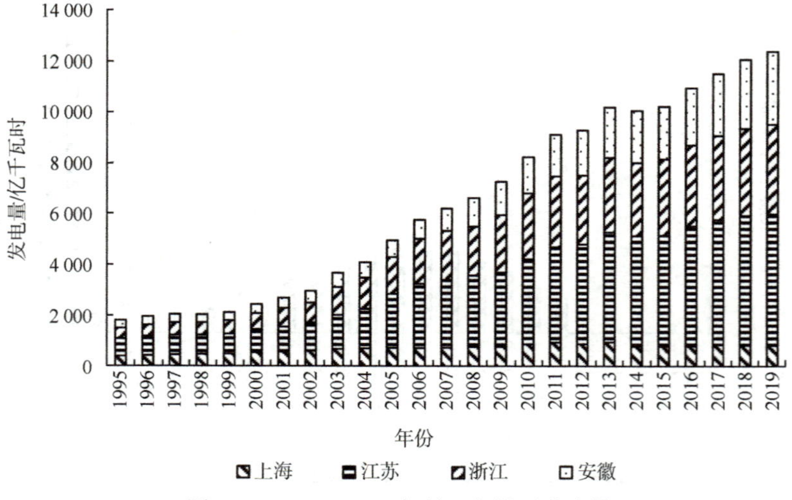

图 2-4　1995～2019 年长三角地区发电量

① 《国家数据-分省年度数据-能源-主要能源产品生产量》，https://data.stats.gov.cn/easyquery.htm?cn=E0103 [2020-12-31]。

从发电装机类型看，近些年长三角电力建设发展速度快，电力装机容量向较低比例煤电、较高比例清洁能源方向发展，但燃煤发电仍占重要地位。2018 年长三角电力装机容量共 31 836.4 万千瓦，其中火力发电装机容量为 23 736 万千瓦，占总装机容量的 74.6%，风电、光伏装机容量合计约 5007 万千瓦，占总装机容量的 15.7%。从分类型发电量来看，火力发电仍然是长三角最主要的电力来源（图 2-5）。1995 年，长三角火力发电量占该地区发电总量的比例为 95%，可再生发电量占比为 5%，且可再生电力中绝大部分都是水电。2018 年长三角总发电量 11 843.5 亿千瓦时，火力发电量占总发电量的比例下降至 87.9%，风电、太阳能发电、核电、水电等非化石能源发电量占比升至 12.1%[25]。近年来，长三角地区风电、光伏等可再生能源发展极为迅速。风力发电量从 2013 年的 61.4 亿千瓦时增加到 2017 年的 196.6 亿千瓦时，增加了 2.2 倍，2019 年风力发电量提高到 281 亿千瓦时①。光伏发电量从 2015 年的 31.1 亿千瓦时激增到 2018 年的 330 亿千瓦时，增加了 9.6 倍。长三角地区还拥有江苏田湾、浙江秦山等核电站，2019 年江苏和浙江两地的核电发电量分别为 329 亿千瓦时和 629 亿千瓦时[26]。

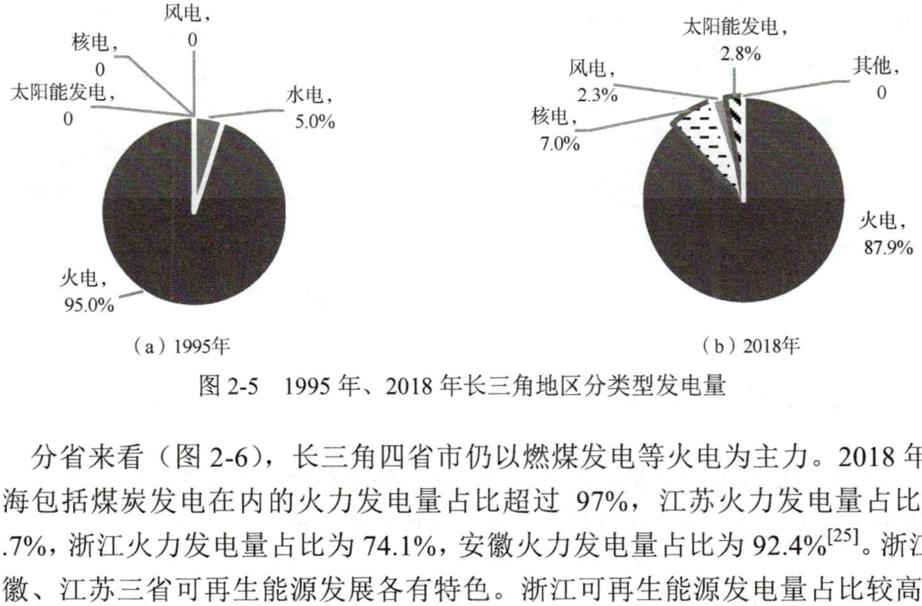

图 2-5 1995 年、2018 年长三角地区分类型发电量

分省来看（图 2-6），长三角四省市仍以燃煤发电等火电为主力。2018 年，上海包括煤炭发电在内的火力发电量占比超过 97%，江苏火力发电量占比为 88.7%，浙江火力发电量占比为 74.1%，安徽火力发电量占比为 92.4%[25]。浙江、安徽、江苏三省可再生能源发展各有特色。浙江可再生能源发电量占比较高，2018 年该地区水力发电量占全省发电总量的比例为 5.5%，太阳能发电量占比为 2.9%，风电为 0.9%。江苏风力发电量占其总发电量的比例为 3.4%，太阳能发电量占比为 2.4%。安徽水力发电量占其发电总量的比例为 1.9%，风力发电量的占比为 1.8%，太阳能发电占比为 3.8%。核电是浙江和江苏两省的第二大

① 《2019 年风电并网运行情况》，http://www.nea.gov.cn/2020-02/28/c_138827910.htm [2020-02-28]。

电源，2018 年浙江的核电发电量占其发电总量的比例达到 16.7%，江苏的核电发电量占其总发电量的比例为 4.8%[25]。由于核电不参与调峰，核电的发电量与装机容量基本成正比。2019 年江苏、浙江两省的核电发电量相比 2018 年分别增加了 36.0%和 7.2%[25, 26]。

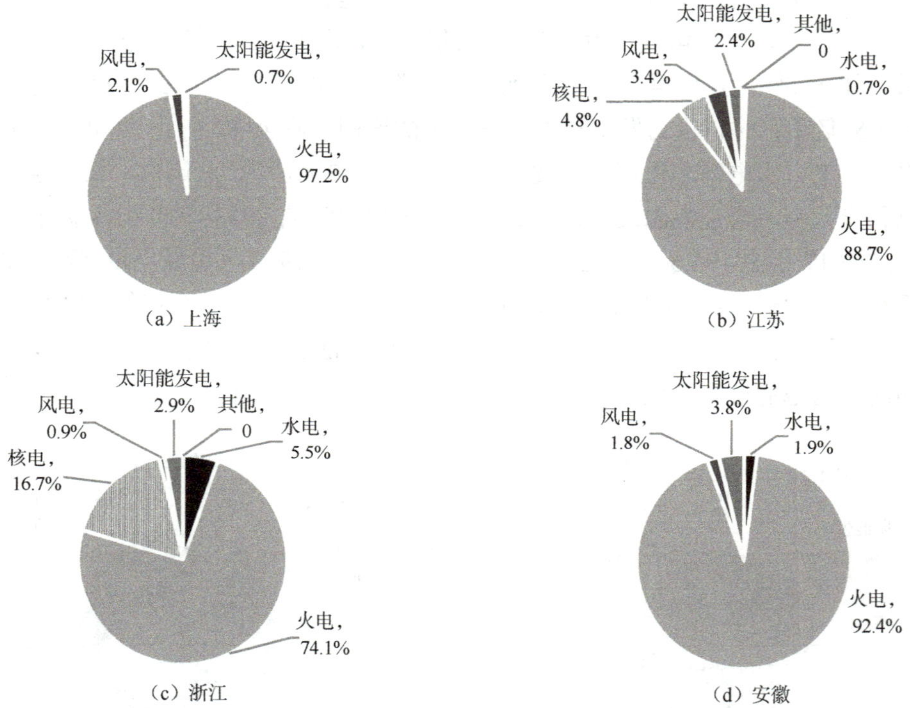

图 2-6　2018 年长三角各省市分类型发电量

三、可再生能源

风能和太阳能是近年来占据主流的两种新能源形式。近几年，长三角风电、光伏等可再生能源发展势头良好，无明显弃风弃光现象。

（一）风电

从风电并网运行来看，如表 2-3 所示，2019 年上海、江苏、浙江、安徽三省一市的累计并网容量分别为 81 万千瓦、1041 万千瓦、160 万千瓦、274 万千瓦，相比 2015 年分别增长了 32.8%、152.7%、53.8%、101.5%；发电量分别为 17 亿千瓦时、184 亿千瓦时、33 亿千瓦时、47 亿千瓦时，相比 2015 年分别增长了 70%、

187.5%、106.3%、123.8%[①②]。2019 年，上海、江苏、浙江、安徽四省市的累计并网容量占全国总风电并网容量的比例分别为 0.4%、5.0%、0.8%和 1.3%，发电量占全国风力发电总量的比例分别为 0.4%、4.5%、0.8%和 1.2%。

表 2-3 长三角三省一市风电并网运行统计数据

地区	累计并网容量/万千瓦		发电量/亿千瓦时		利用小时数/小时		利用小时数全国排名	
	2019 年	2015 年	2019 年	2015 年	2019 年	2015 年	2019 年	2015 年
上海	81	61	17	10	2065	1999	第 13	第 10
江苏	1041	412	184	64	1973	1753	第 16	第 21
浙江	160	104	33	16	2090	1887	第 12	第 14
安徽	274	136	47	21	1809	1742	第 26	第 22
合计	1556	713	281	111	—	—	—	—

长三角四省市中，江苏省风电发展最为快速，风电并网容量从 2015 年的 412 万千瓦增加到 2019 年的 1041 万千瓦，增长了 1.5 倍，风力发电量从 64 亿千瓦时增加到 184 亿千瓦时，增加了 1.9 倍。从风电利用小时数看，上海风电利用小时数从 2015 年的 1999 小时增至 2019 年的 2065 小时；浙江风电利用小时数从 2015 年的 1887 小时升至 2090 小时；安徽风电利用小时数从 2015 年的 1742 小时增至 2019 年的 1809 小时；江苏 2015 年风电利用小时数为 1753 小时，2019 年增至 1973 小时。总体上，上海和浙江的风电利用率较高，安徽的风电利用率相对较低。

（二）光伏发电

从光伏建设情况看，如表 2-4 所示[③④]，长三角三省一市光伏发展快速。2015 年上海的光伏累计装机容量为 21 万千瓦，2019 年累计装机容量增加到 109 万千瓦，其中 94.5%的装机为分布式光伏；江苏累计光伏装机容量在东部各省持续领先，其累计光伏装机容量从 2015 年的 422 万千瓦增加到 2019 年的 1486 万千瓦，排名从全国第 5 升至全国第 2。江苏的光伏发展特色是光伏电站和分布式光伏保持较均衡发展，分布式光伏装机占比为 44.8%。目前，江苏省已提前并超额完成“十三五”能源规划中的光伏发展目标。浙江光伏发展快速，其累计装机容量从 2015 年的 164 万千瓦增加到 2019 年的 1339 万千瓦，全国排名从第 8 跃升至第 4，分布式光伏装机占比为 69.1%，光伏电站装机占比为 30.9%。安徽光伏发电也发

---

①《2019 年风电并网运行情况》，http://www.nea.gov.cn/2020-02/28/c_138827910.htm [2020-02-28]。

②《2015 年风电产业发展情况》，http://www.nea.gov.cn/2016-02/02/c_135066586.htm [2016-02-02]。

③《2019 年光伏发电并网运行情况》，http://www.nea.gov.cn/2020-02/28/c_138827923.htm [2020-02-28]。

④《2015 年光伏发电相关统计数据》，http://www.nea.gov.cn/2016-02/05/c_135076636.htm [2016-02-05]。

展迅猛，2015 年安徽光伏的累计装机容量为 121 万千瓦，2019 年突飞至 1254 万千瓦，全国排名从第 10 升至第 5。安徽的光伏发电以集中式光伏电站为主，其装机占比为 61.6%，分布式光伏装机占比约 38.4%。

表 2-4　长三角三省一市光伏建设运行情况

地区	2019 年			2015 年		
	累计装机容量/万千瓦	其中：光伏电站/万千瓦	累计装机容量全国排名	累计装机容量/万千瓦	其中：光伏电站/万千瓦	累计装机容量全国排名
上海	109	6	第 29	21	2	第 21
江苏	1486	821	第 2	422	304	第 5
浙江	1339	414	第 4	164	42	第 8
安徽	1254	773	第 5	121	89	第 10
合计	4188	2014	—	728	437	—

风电、光伏等可再生能源的发展主要得益于政策的支持。例如，江苏省在国家及地方政府的利好政策支持下，结合当地的实际情况，推出了渔光互补、农光互补等“光伏+”多元发电形式，累计装机容量持续居东部沿海各省之首。2017 年，江苏省宝应和泗洪两个光伏发电基地入选了国家第三批光伏领跑者计划[①]，加速了当地光伏技术的市场化应用推广，实现了不同光伏发电形式在技术和质量上全面领跑东部沿海省份。其中，江苏泗洪基地还获得第三期光伏发电领跑奖励基地激励[②]。

光伏扶贫是安徽光伏发展的一大特色。安徽作为全国光伏扶贫试点省，率先大规模实施光伏扶贫工程。“十三五”期间第一批光伏扶贫项目覆盖了安庆、池州、阜阳、淮南、六安、宿州六市共 14 县的 708 个贫困村，建设了 662 个电站，总装机规模 253 686.5 千瓦，累计帮扶 45 172 户建档立卡贫困户[③]。2019 年 5 月 14 日，根据《国家能源局 国务院扶贫办关于下达“十三五”第二批光伏扶贫项目计划的通知》，安徽下发了“十三五”第二批光伏扶贫项目计划，包括砀山、金寨、阜南 3 个县光伏扶贫项目，共 5 个村级光伏扶贫电站，总装机规模 8660 千瓦，帮扶建档立卡贫困户 1239 户[④]。2020 年 2 月 25 日，财政部联合国家发改委、国家能源局和国务院扶贫开发领导小组办公室公布了第三批光伏扶贫项目，

① 《2017 年光伏发电领跑基地优选结果公示》，http://www.nea.gov.cn/2017-11/22/c_136771008.htm [2017-11-22]。

② 《第三期光伏发电领跑基地奖励激励信息公示》，http://www.nea.gov.cn/2019-05/31/c_138106094.htm [2019-05-31]。

③ 《国家能源局关于下达“十三五”第一批光伏扶贫项目计划的通知》，http://www.china-nengyuan.com/news/119123.html [2018-01-05]。

④ 《国家能源局 国务院扶贫办关于下达“十三五”第二批光伏扶贫项目计划的通知》，http://zfxxgk.nea.gov.cn/auto87/201904/t20190419_3652.htm [2019-04-12]。

拟定总扶贫规模 705.3 万千瓦，其中安徽省新增纳入补贴目录项目装机规模 23.7 万千瓦，分布在安庆、亳州、池州、滁州、阜阳、合肥、淮北、淮南、黄山、六安、宿州、宣城等市，江苏省新增了 551.2 千瓦纳入补贴目录项目，分布在淮安和徐州两市①。

总体上，尽管长三角三省一市风电、光伏等产业发展较快，但风电、光伏等发电量在电力消费结构中的占比依然较小，替代能力较弱。

（三）水电

水能受自然禀赋的影响同样较大，浙江省山地较多且水资源丰富，可开发的水能比较多，安徽省次之，江苏、上海两地地势较为平坦，可开发水能较少。调查显示，长三角地区水能资源已进行较大程度的开发（表 2-5②），特别是常规水电，进一步开发的潜力有限。数据显示，长三角四省市水力发电量从 1995 年的 89.99 亿千瓦时增加到 2019 年的 338.43 亿千瓦时，其中，2016 年水力发电达到峰值 354.93 亿千瓦时③。2019 年长三角四省市水力发电量合计占全国水力发电总量的 2.6%。从地区分布来看，2019 年浙江水力发电量为 256.58 亿千瓦时，是长三角地区水力发电量最高的省份，安徽和江苏次之，分别为 51.09 亿千瓦时和 30.76 亿千瓦时，上海无水力发电③。

表 2-5　长三角地区部分注册和备案水电站

地区	水电站名称	装机规模/万千瓦	地区	水电站名称	装机规模/万千瓦
浙江	天荒坪抽水蓄能电站	180	浙江	华光潭一级水电站	6
浙江	桐柏抽水蓄能电站	120	浙江	百丈漈一级水电站	3.12
浙江	三溪口水电站*	10	江苏	宜兴抽水蓄能电站	100
浙江	新安江水电站	85	江苏	沙河抽水蓄能水电站	10
浙江	湖南镇水电站	32	江苏	溧阳抽水蓄能电站	150
浙江	富春江水电站	36	安徽	琅琊山抽水蓄能电站	60
浙江	仙居抽水蓄能电站	150	安徽	响水涧抽水蓄能电站	100
浙江	紧水潭水电站	30	安徽	陈村水电站	18
浙江	石塘水电站	8.58	安徽	响洪甸抽水蓄能电站	4
浙江	黄坛口水电站	8.2	安徽	绩溪抽水蓄能电站*	180
浙江	宁波溪口抽水蓄能电站	8	安徽	毛尖山水电站	2.5

①《关于公布可再生能源电价附加资金补助目录（第三批光伏扶贫项目）的通知》，http://www.cpad.gov.cn/art/2020/3/17/art_46_115721.html?from=singlemessage&isappinstalled=0 [2020-03-17]。

②《国家能源局大坝安全监察中心》，http://www.dam.com.cn/overview/map [2021-01-04]。

③《国家数据-分省年度数据-能源-主要能源产品生产量》，https://data.stats.gov.cn/easyquery.htm?cn=E0103 [2020-12-31]。

续表

地区	水电站名称	装机规模/万千瓦	地区	水电站名称	装机规模/万千瓦
安徽	纪村水电站	3.4	浙江	华光潭二级水电站	2.5
浙江	滩坑水电站	60.4			

注：表中为截至 2021 年 1 月 4 日的数据

*表示备案水电站，其余为注册水电站

从抽水蓄能的发展情况来看，安徽、浙江等地有一定规模的抽水蓄能可供开发利用。安徽装机容量超过 100 万千瓦且水头高于 300 米的抽水蓄能电站站址有 13 处。2018 年安徽抽水蓄能总装机为 168 万千瓦。目前已建成滁州琅琊山、芜湖响水涧、六安响洪甸 3 座抽水蓄能电站，绩溪、金寨抽水蓄能电站正在加快建设，其中绩溪抽水蓄能电站已进入全面投产倒计时①。安徽桐城、宁国、岳西、石台、霍山抽水蓄能电站获国家能源局批准列为 2025 水平年抽水蓄能规划调整推荐站点②。浙江按照国家“推四备五”的站点规划，省内已形成抽水蓄能电站有序开发建设的梯队，2019 年总抽水蓄能装机容量达到 458 万千瓦。截至 2020 年底已建成天荒坪、仙居、桐柏、溪口共 4 个抽水蓄能电站，在建长龙山、宁海、缙云、衢江、磐安等 5 座抽水蓄能电站总装机规模 770 万千瓦，建德（240 万千瓦）、桐庐（120 万千瓦）和天台（170 万千瓦）三个站点被列为 2025 年水平年抽水蓄能推荐站点。此外，长三角也正研究建立华东电网抽水蓄能市场化运行的成本分摊机制。

第三节　能源消费特点

第一，长三角化石能源消费量在全国的地位举足轻重，能源结构中非化石能源占比低。煤在长三角能源消费结构中占重要地位。1995 年，长三角四省市煤炭消费总量为 2.21 亿吨，2013 年煤炭消费量达到峰值 6.35 亿吨，2014 年下降至 6.14 亿吨，2016 年回升至 6.24 亿吨后开始下降③。2018 年长三角煤炭消费总量下降至 6.07 亿吨，占全国煤炭消费总量的比例为 15.3%[8]。石油在长三角地区能源消费中的主体地位依旧保持。1995 年，长三角地区石油消费总量为 0.28 亿吨，随后

---

①《安徽绩溪抽水蓄能电站进入全面投产倒计时》，https://power.in-en.com/html/power-2381312.shtml [2020-12-23]。

②《国家能源局关于安徽抽水蓄能电站选点规划调整有关事项的复函》，http://zfxxgk.nea.gov.cn/auto87/201809/t20180905_3233.htm [2018-08-29]。

③《国家数据-分省年度数据-能源-能源消费总量》，https://data.stats.gov.cn/easyquery.htm?cn=E0103[2020-12-31]。

逐年增长，2017 年长三角石油消费第一次达到峰值 1.09 亿吨①，2018 年石油消费降低至 1.08 亿吨[8]，占全国石油消费总量的 17.3%[5]。长三角地区天然气需求增长迅猛。1997 年长三角地区天然气消费量仅为 0.12 亿立方米，2000 年后该地区天然气消费呈爆发式增长，2008 年天然气消费量突破 100 亿立方米②，2018 年长三角地区天然气消费量增长到 557.6 亿立方米[8]，占全国天然气消费总量的 19.8%①。从能源消费结构看（图 2-7），2018 年长三角地区煤炭消费占能源消费总量的 55.4%，石油占比为 27.2%，天然气占比为 6.8%，非化石能源消费占比为 10.6%[8]。

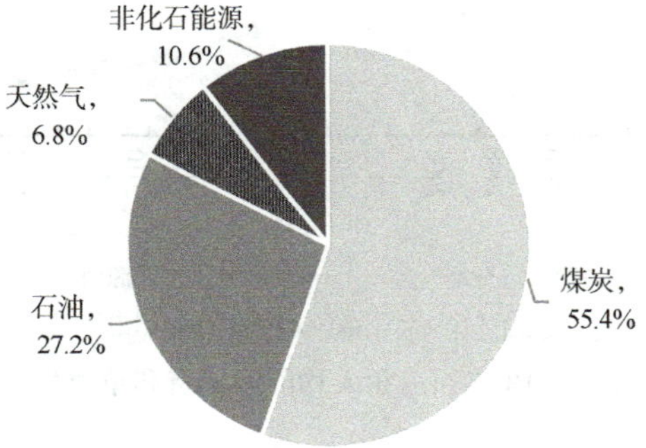

图 2-7　2018 年长三角能源消费结构

第二，长三角地区人均能源消费持续增长，能源消费强度逐年下降。如图 2-8 所示，长三角四省市的人均能源消费从 1994 年起高于全国人均能源消费，到 2003 年，长三角人均能源消费接近全国平均水平，2005 年以后，长三角人均能源消费又逐渐超过全国人均能源消费水平。人均用电方面，2019 年江苏和浙江的人均用电强度最高，分别达到 7762 千瓦时和 8045 千瓦时；上海市的人均用电为 6460 千瓦时；安徽省相对较低，为 3664 千瓦时①。与世界主要城市相比，除安徽外长三角地区的人均用电强度均达到发达国家水平。上海市的用电总量接近东京的两倍；上海与东京的人均用电量相当，均高于伦敦，低于新加坡。据预测③，长三角三省一市未来人口仍会继续增长：受制于环境容量，2030 年上海常住人口将控制在 2500 万人左右；其余三省的常住人口均有不同程度的增长。例如，2030 年江苏南京的常住人口将增加到 1060 万人；2030 年浙江杭州的常住人口将达到 950 万人；2030 年安徽合肥的常住人口将增加到 1000 万人。作为

① 数据来源于历年《中国能源统计年鉴》（1991～2018 年）。

②《国家数据-分省年度数据-能源-主要能源产品消费量》，https://data.stats.gov.cn/easyquery.htm?cn=E0103 [2020-12-31]。

③《国家发展改革委 住房城乡建设部关于印发长江三角洲城市群发展规划的通知》，https://www.ndrc.gov.cn/xxgk/zcfb/tz/201606/t20160603_963084.html [2016-06-03]。

全国人口高密度地区之一，人口的持续增长必然会对长三角地区的能源使用提出更多的要求。

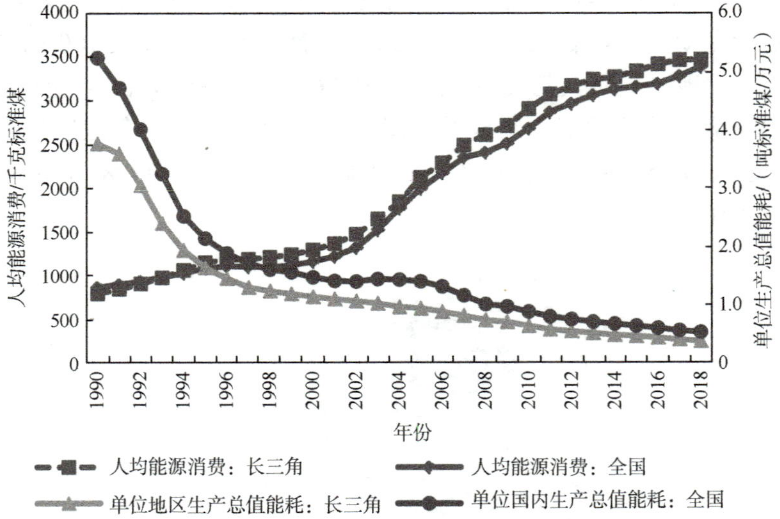

图 2-8　1990～2018 年长三角人均能源消费和单位生产总值能耗

从单位生产总值能耗来看，长三角单位地区生产总值能耗呈逐年下降趋势（图 2-8）。与全国相比，长三角四省市的单位地区生产总值能耗低于单位国内生产总值能耗，近几年，二者的差距在逐渐缩小。“十三五”以来，我国积极推进能源供给革命，同时严格落实能源消费总量和强度“双控”制度，实现了以较低能源消费增速保障经济健康发展和民生改善①。长三角地区在严格落实能源“双控”方面取得了一定的成绩，但仍面临较大压力。

第三，长三角三省一市能源需求体量庞大，高度依赖外部输入。2018 年长三角地区煤炭、石油、天然气的产需缺口分别为 48 023 万吨、10 571 万吨、517 亿立方米，占该地区煤炭、石油、天然气消费总量的比重分别为 79.1%、98.3%、95.1%[8]。从各省市来看，如图 2-9 所示，2018 年上海从外省（自治区、直辖市）净调入煤炭、石油、天然气、液化天然气（liquefied natural gas，LNG）的量分别为 2871.4 万吨、447.2 万吨、34.8 亿立方米和 4.3 万吨，占各种能源消费总量的比例分别为 65.0%、13.5%、37.4%和 100%；净进口煤炭、石油、天然气的量分别为 1550.3 万吨、3884.4 万吨、43.6 亿立方米，占各种能源消费总量的比例为 35.1%、117.1%和 46.9%；LNG 则从外省调入。

①《我国严格能源消费总量和强度“双控”制度》，http://www.gov.cn/xinwen/2020-12/23/content_5572401.htm [2020-12-23]。

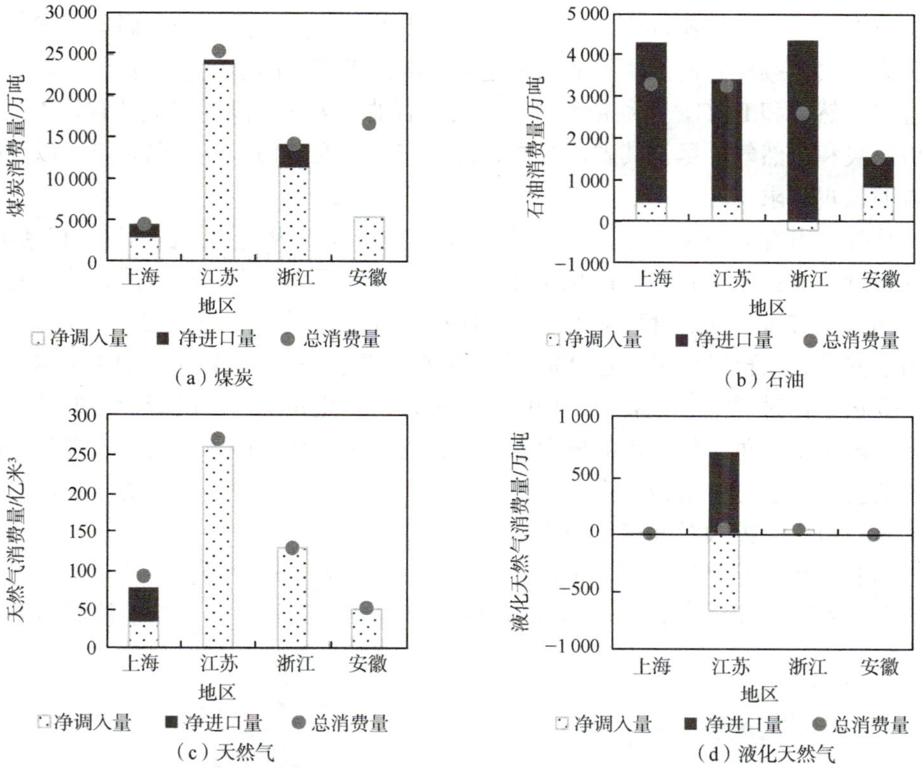

图 2-9　2018 年长三角化石能源外部依赖度

2018 年江苏净调入煤炭、石油、天然气数量占各种能源消费总量的比例分别为 93.8%、14.6%和 96.3%；净进口煤炭、石油、天然气数量占各种能源消费总量的比例为 2.2%、90.5%和 0；江苏 2018 年对外进口了 717 万吨 LNG，共消费 LNG 仅 47.2 万吨，大部分都外调至其他省（自治区、直辖市），其净调入量为负值。

2018 年浙江净调入煤炭、天然气、LNG 的数量分别为 11 381.3 万吨、128.9 亿立方米和 43.7 万吨，占各种能源消费总量的比例分别为 80.3%、100%和 100%。2018 年浙江省净调出的石油数量大于净调入的石油数量。净进口的煤炭、石油数量分别为 2793.1 万吨、4389.4 万吨，占各种能源消费总量的比例为 19.7%和 100%；2018 年浙江无进口的天然气和 LNG。

2018 年，安徽净调入的煤炭、石油、天然气数量分别为 5388.5 万吨、824.1 万吨、51.3 亿立方米，占各种能源消费总量的比例分别为 32.3%、53.3%、97.3%。2018 年安徽通过本省天然气液化加工生产了 5.9 万吨 LNG，其中 1.75 万吨用于本省工业消耗，其余 4.15 万吨调给了外省（自治区、直辖市）使用。2018 年安徽仅进口了 728.5 万吨石油，不进口煤炭和天然气。

可见，上海的化石能源供应既依赖外省调入，又依赖进口，其中煤炭主要依赖外省调入，石油依赖进口，天然气方面二者兼顾；江苏是 LNG 调出大省，煤炭和天然气依赖外省调入，石油依赖进口；浙江省煤炭高度依赖外省调入，不对外进口天然气和 LNG，石油依赖进口；安徽石油和天然气高度依赖外省调入，不进口煤炭和天然气，尽管其省内煤炭资源丰富，但安徽仍从外省调入煤炭以满足本省的煤炭需求。

从外来电看，2019 年上海、江苏、浙江三省市分别从外省（自治区、直辖市）调入电量 732 亿千瓦时、1202 亿千瓦时、1163 亿千瓦时，占其电力消费总量的比例分别为 46.7%、19.2%和 24.7%[26]。2019 年安徽从外省调入电量 261 亿千瓦时，但由于安徽省内自发电量超过 2000 亿千瓦时，省内发电量富余，2019 年调出电量 730 亿千瓦时[26]，是三省一市中唯一对外净输出电量的省。随着社会的进一步发展，未来长三角三省一市的电力需求还将进一步增加。由于省内自发电量生产能力的受限和能源“双控”指标的要求，加上可再生电力替代能力的不足，长三角三省一市还会扩大对外来电的需求。

第四，在产业能耗方面，第二产业是长三角三省一市能源消费的大户，特别是江苏、安徽、浙江三省（图 2-10），由于第二产业比重偏高，当前能源转型面

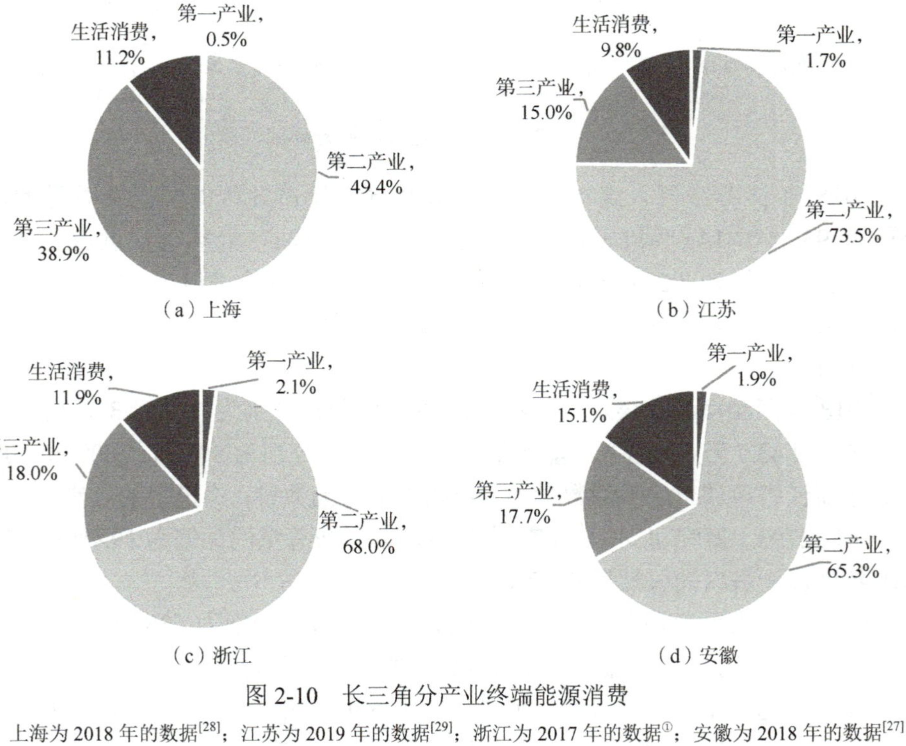

（a）上海　（b）江苏　（c）浙江　（d）安徽

图 2-10　长三角分产业终端能源消费

上海为 2018 年的数据[28]；江苏为 2019 年的数据[29]；浙江为 2017 年的数据①；安徽为 2018 年的数据[27]

①实地调研。

临的压力较大。尽管长三角第二产业的能源消费占比从 2005 年的 84.1%下降到 2018 年的 68.1%，但第二产业能源消费的绝对量依然从 36 719 万吨标准煤增加到 52 509 万吨标准煤，增长了 43%。从地区来看，江苏省第二产业用电比例达到了 73.5%，为该地区最高，其次为浙江和安徽，分别为 68.0%和 65.3%；长三角地区第一产业的能源消费占比普遍不高，比例最高的浙江省也只有 2.1%①；上海市第三产业十分发达，第三产业能源消耗占其总能源消费的比例为 38.9%，其他地区在 20%以下[27-29]。

第四节　能源输运概况

一、煤炭运输

受煤炭生产与消费逆向分布格局的影响，中国煤炭的基本流向是“北煤南运”、“西煤东运”和“煤炭出关”，煤炭物流运输线路长、节点多、流量大。目前，中国东部地区的煤炭消费主要依靠铁路、内河和沿海水运长距离调配（表 2-6）。安徽外运的煤 65%是以铁路运输、28%以水运、7%是通过公路，而其余三省市外运的煤以水运为主[30]。长三角地区已建立了一些依托沿海、沿河港口的大型煤炭转运基地。例如，江苏“十三五”期间持续完善以铁路、水路为集疏通道，以港口、园区为储配中枢的立体化煤炭物流网络，建设经济高效、绿色先进的现代煤炭物流体系。目前，江苏正在依托徐州港，持续完善以大运河等内河运输为主要疏散方式的北部中转储备基地，依托滨海港、大丰港，持续完善以铁路、水路运输为主要疏散方式的沿海中转储备基地，依托太仓港、靖江港、镇江港，持续完善以海进江和内河运输为主要疏散方式的沿江中转储备基地。到“十三五”末，江苏已形成 1.5 亿吨的煤炭中转储备能力。安徽“十二五”期间建成了芜湖港国家级煤炭物流园区，新增年吞吐能力 2000 万吨，“十三五”期间开展了安庆、淮南

表 2-6　外省煤运至长三角的主要方式

消费地/产地	内蒙古	山西	陕西
上海	水运	水运	—
江苏	水运	铁路、水运	水运
浙江	水运	水运	—
安徽	水运	铁路	铁路

①实地调研。

煤炭储配基地等项目前期工作，增强了皖南、皖中地区的煤炭接卸、中转和储备能力。浙江也在宁波、舟山、浙南台州港、温州港、浙北嘉兴港等地布局建设具有接卸、中转、储配等功能的大型煤炭物流园区，形成年煤炭接卸能力3000万吨。

二、石油运输

中国石油运输目前形成东北、西北、西南、东南四个方向跨区域运输通道格局，运输方式以管道运输与海上运输相结合，辅以铁路，其中从东南方向进口的石油均以油轮运输。长三角石油主要依托海上原油、成品油进口通道，以及原油、成品油省际管道和公路运输。原油管道代表有天津—南京—上海段、日照—南京—望江段等，成品油管道代表有甬台温管道等。长三角地区已形成以宁波—舟山港为核心的原油中转运输系统，主要服务长三角及长江沿线地区的炼化企业，已建10万吨级及以上专业化原油接卸泊位8个、接卸能力1.41亿吨。目前长三角也正积极推进浙江舟山国际石油储运基地建设。

“十三五”期间，长三角四省市均规划了相应的石油输送基础设施。例如，上海将继续推动金山—虹桥机场航油管道建设。江苏将重点建设日照—仪征复线连云港支线原油输送管道，累计形成原油管道1500公里，还将全面建成中石化（中国石油化工集团公司）江北成品油管道及配套油库，规划建设连云港—徐州—商丘成品油管道，累计形成成品油管道1500公里。浙江“十三五”期间计划建成甬台温、龙游—常山、诸暨—桐庐、绍杭成品油管道，新增成品油管道600公里以上，其中甬台温成品油管道已成功投运。安徽将续建仪长原油管道复线安徽段，新建阜阳—亳州、合肥—六安等成品油管道，2020年已形成1000万吨/年的原油管输能力、500万立方米的储备能力、410万吨/年的成品油管输能力。

三、天然气运输

截至2019年底，我国建成干线输气管道超过8.7万千米，一次输气能力超过3500亿立方米[31]。中石油（中国石油天然气集团有限公司）拥有55 810千米的国内运营天然气管道，其里程占全国的比例达到75.1%[32]。长三角天然气供应基本形成“西气东输、海气登陆、就近供应”的格局，随着中俄东线天然气管道黑河至长岭段的建成运营，未来长三角“北气南下”的天然气供应格局得到进一步完善。目前，长三角天然气管网主要包括西一线、西二线、川气东送、冀—宁线、江苏LNG外输管道、如东—海门—崇明岛天然气管道、甪直—宝钢天然气管道、常州—长兴天然气管道等，总供气能力约600亿米^3/年。2019年12月1日发布的《长江三角洲区域一体化发展规划纲要》指出，长三角将编制实施长三角天然气供应能力规划，加快建设浙沪联络线，推进浙苏、苏皖天然气管道联通，加强LNG接收站互联互通和公平开放。

长三角现有LNG接收站5个（江苏协鑫如东LNG接收站、江苏广汇启东LNG接收站、上海洋山LNG接收站、浙江新奥舟山LNG接收站、浙江宁波LNG接收站），总接收能力超过1600万吨/年，进口LNG大都以槽批（指通过LNG专用槽车将LNG接收站或LNG工厂的LNG产品批发至LNG用户的商业过程）形式分销出售，未接入天然气管网。未来将进一步加快上海、江苏如东、浙江温州LNG接收站扩建，宁波舟山LNG接收站和江苏沿海输气管道、滨海LNG接收站及外输管道，芜湖LNG内河接收（转运）站建设，支持LNG运输船舶在长江上海、江苏、安徽段开展航运试点。随着现有LNG接收站扩容的完成和新建LNG接收站的建成运营，长三角地区将形成9个、总接收能力超过3000万吨/年的LNG接收站。

四、电力输送

在电力输送方面，国家电网公司为保证长三角地区的电力供应建设了多条跨区域的特高压输电线路。2018年，华东电网装机容量37 606.2万千瓦，其中：火电装机容量26 864.6万千瓦，占71.44%；水电装机容量3059.6万千瓦，占8.14%；核电装机容量2216万千瓦，占5.89%；风电及其他装机容量5466万千瓦，占14.54%。同年，华东电网全社会用电量为16 157.36亿千瓦时，全网最高用电负荷28 119万千瓦。华东交流主干网架由1000千伏和500千伏交流输电网架构成，其中：1000千伏线路共21条，长度为3299.8千米；500千伏线路共626条，长度为33 981.1千米。500千伏厂站共243座，其中：变电站168座，开关站3座，电厂72座。500千伏变压器共394台，变电容量566 911兆伏安[33]。2019年华东电网装机容量增至39 045万千瓦，比上年增长3.8%，火电和核电装机容量合计占本区域装机容量的比重为75.9%，其中燃煤发电装机容量占本区域装机容量的56.1%[26]。同年，华东电网发电量为14 896亿千瓦时，比上年增长2.1%，火电和核电发电量合计占本区域发电量的89.5%，其中燃煤发电量占本区域发电量的67.9%[26]。2019年华东全网用电量16 753.57亿千瓦时，同比增长3.69%，全网最高用电负荷29 791万千瓦（7月30日），同比增长5.95%。

截至2019年底，馈入华东电网的跨区直流共有10回，总额定容量6160万千瓦，包括±500千伏的葛南直流、龙政直流、宜华直流、林枫直流，±800千伏的特高压复奉直流、锦苏直流、宾金直流、灵绍直流、雁淮直流，以及±1100千伏的特高压吉泉直流，其中葛南直流、宜华直流、林枫直流和复奉直流均接入上海电网，龙政直流、锦苏直流、雁淮直流接入江苏电网，宾金直流、灵绍直流接入浙江电网，吉泉直流接入安徽电网（表 2-7）[25, 26]。

表 2-7　2019 年馈入华东电网的跨区线路（含特高压直流）输电电量

线路名称	额定电压/千伏	投产时间	额定输送容量/兆瓦	总输送电量/亿千瓦时
葛洲坝—上海直流（葛南直流）	±500	1989 年，2011 年扩建	3 000	55*
三峡—常州直流（龙政直流）	±500	2003 年	3 000	106*
三峡—上海直流（宜华直流）	±500	2006 年	3 000	107*
团林—枫泾直流（林枫直流）	±500	2011 年	3 000	81*
向家坝—上海直流（复奉直流）	±800	2010 年	6 400	302
锦屏—苏南直流（锦苏直流）	±800	2012 年	7 200	366
溪洛渡—浙江直流（宾金直流）	±800	2014 年	8 000	341
宁东—浙江直流（灵绍直流）	±800	2016 年	8 000	415
晋北—南京特高压直流（雁淮直流）	±800	2017 年	8 000	253
准东—皖南特高压直流（吉泉直流）	±1 100	2019 年	12 000	147

*表示该值为 2017 年的数据

目前，华东电网已经具备坚实的物理基础，电网进一步发展的主要任务是完善电网主干网架结构，提升互联互通水平，提高区域电力交换和供应保障能力。长三角还将推进电网建设改造与智能化应用，优化皖电东送、三峡水电沿江输电通道建设，开展区域大容量柔性输电、区域智慧能源网等关键技术攻关，支持安徽打造长三角特高压电力枢纽。同时，将依托两淮煤炭基地建设清洁、高效的坑口电站，保障长三角供电安全可靠。此外，还将加强跨区域重点电力项目建设，加快建设淮南—南京—上海 1000 千伏特高压交流输电工程过江通道，实施南通—上海崇明 500 千伏联网工程、申能淮北平山电厂二期、省际联络线增容工程。

第五节　能源装备制造业

长三角地区是我国重要的装备制造业基地，具有基础好、经验足、产业全的特点。机械工业信息研究院2017年4月发布的《2015年和2016年中国（全口径）装备制造业区域竞争力评价报告》显示，从2015年和2016年中国（全口径）装备制造业规模实力来看，江苏省连续两年位居第一，浙江、安徽分列第三和第七位。而从2015年和2016年（全口径）装备制造业区域综合竞争力来看，江苏、上海、浙江分别排名第一、第四和第五。其中，作为装备制造业重点和核心部分的能源装备制造业，在长三角地区也表现突出，核电、气电、高效清洁煤电以及可再生能源如光伏、风电的装备制造业，在长三角地区有着强劲的发展。

一、核电

长三角地区的核电关联产业已形成一定的产业集群，在核电装备、工程建设、生产运营等领域形成了比较优势，并在全国发挥引领作用。区域内拥有秦山核电基地、三门核电基地、田湾核电基地等，已基本形成包括核电研发设计、工程承包、核电材料、设备制造、测试认证、运行服务及人才培养等诸多环节的较完整的核电产业链；上海电气集团、江苏上上电缆集团、安徽应流集团等一批实力雄厚的龙头企业，生产的一些关键部件、基础材料和关键辅助部件，已形成批量生产能力和市场竞争力，其中，上海电气集团生产的核岛产品覆盖了当前中国核电市场上所有机型，应流集团是国内核一级主泵泵壳铸件的唯一制造单位；初步形成上海电气临港重型装备制造基地、上海电气闵行热加工基地和宝钢核电特种材料基地等三大制造集聚区，拥有世界一流的重型厂房和先进设备。特别是，上海电气集团是国内唯一一家拥有核岛、常规岛、辅助设备、仪控仪表完整产业链的核电装备制造集团（表2-8）。截至2018年5月31日，国内所有核电站设备总计600台，由上海电气集团供货设备达214台，市场占有率达35.67%。核岛主设备各项全部涉及，其中堆内构件、控制棒驱动机构分别占据国内市场85%和80%的份额。同时具有年产4套百万千瓦级反应堆压力容器、6套百万千瓦级蒸汽发生器、6套燃料装卸与储运系统、8套百万千瓦级堆内构件和控制棒驱动机构、12台主泵及50台核二三级泵的完整核岛主设备供应链。

表 2-8　上海电气集团核电装备重大技术创新成果

创新成果	所含构件	时间	应用
全球首台套	AP1000 安注箱	2010.06	三门 1#
	AP1000 堆芯补水箱	2011.06	
	AP1000 稳压器	2011.12	
	HTR-PM 压力容器	2016.03	石岛湾示范
	HTR-PM 金属堆内构件	2016.03	
	HTR-PM 控制棒驱动机构	2018.02	
	HPR100 堆内构件	2018.04	福清 5#
中国首台套	AP1000 蒸汽发生器	2015.01	三门 1#
	AP1000 堆内构件	2015.07	
	AP1000 控制棒驱动机构	2015.08	
	EPR 控制棒驱动机构	2013.07	台山 2#
	EPR 堆内构件	2016.01	
中国首批	AP1000 压力容器	2014.09	海阳 2#
	AP1000 蒸汽发生器	2015.03	
	EPR 蒸汽发生器	2013.12	台山 2#

资料来源：上海电气集团

二、燃气轮机

燃气轮机产业在长三角地区经过 60 多年的发展，已经建立了连接制造厂、大学、研究院所、用户的产学研用生态系统，是我国燃气轮机重要的研制、生产、应用基地，具备了较好的自主研发及产业发展基础[34]。区域内拥有上海电气集团等燃机制造企业，2011 年几乎实现重型燃机 100%的国产化。2019 年上海电力股份有限公司闵行发电厂燃气-蒸汽联合循环发电机组示范工程安装的全球首台套 GT36-S5 型 H 级燃机，是上海电气集团收购安萨尔多 40%股权、双方共享知识产权后，第一台确认落地实施的 H 级燃机，其单台机组出力高达 750 兆瓦，出力是国内主流燃机的一倍，机组效率超过 62%。该项目的成功上马将助力我国燃机技术跨越式发展，有力推进我国装备应用水平的提升（表 2-9 是上海电气集团燃机设备订单统计）。此外，长三角地区还有一批燃气轮机研究、生产制造和产品配套的单位，如南京汽轮电机（集团）有限责任公司、无锡透平叶片有限公司、江苏永瀚特种合金技术有限公司等。

表 2-9　上海电气集团燃机设备订单统计

2004～2014 年燃机设备订单统计（西门子机型）	
F 级：V94.3A	34 台
E 级：V94.2	14 台
西门子机型订单总计	48 台
2014～2018 年燃机设备订单统计（安萨尔多机型）	
F 级：AE94.3A	24 台
E 级：AE94.2	8 台
小 F 级：AE64.3A	11 台
安萨尔多机型订单总计	43 台
燃机服务长协订单统计（西门子及安萨尔多机型）	
F 级：V94.3A（西门子机型）	6 台
F 级：AE94.3A（安萨尔多机型）	4 台
长协订单总计	10 台

资料来源：上海电气集团

三、超超临界

我国超超临界机组技术水平、发展速度、装机容量和机组数量均已跃居世界首位。长三角地区依托制造业优势，技术攻关了一批超超临界机组的关键大型部件。2006 年至 2016 年期间，区域内大型整机制造商上海电气集团容量大于 660 兆瓦的超超临界汽轮机的订单总数超过 224 台，总容量近 2 亿千瓦，是欧洲跨国公司总和的 10 多倍，占据了世界市场 60%以上的份额。由中国国电集团公司、中国电力工程顾问集团和上海电气电站集团三方联合攻关，自主设计、自主制造的世界首台百万千瓦超超临界二次再热燃煤发电机组示范工程（国电泰州电厂二期）已于 2015 年成功投运，煤耗指标国际领先，开启了我国从发电大国昂首走向发电技术强国的革命性转变新篇章。

此外，超超临界机组的关键大型部件，如汽轮机转子、叶片、锅炉管等，是制约现代重大装备制造业发展的瓶颈，长三角地区尤其是上海市集中攻关了一批电站关键用材和大型铸锻件制造技术。上海重型机器厂有限公司形成了冶炼、铸造、热处理、焊补等成套生产工艺，其生产的高中压缸体产品用于 600 兆瓦汽轮机。其高压转子于 2008 年就解决了低硅、低铝的高合金钢冶炼难题，开发了氮气保护电渣重熔技术。宝山钢铁股份有限公司特殊钢分公司、上海锅炉厂等开发生产的奥氏体不锈钢管，已相当于进口材料水平，在 650 摄氏度的高温下持久强度可达 99 兆帕。上海新闵重型锻造有限公司等开发的汽轮发电机用高强度穿心螺杆材料，已成功用于 1000 兆瓦级发电机。上海汽轮机厂截止到 2017 年，自主设计了 31 个品种的超超临界机组。其开发的叶片和螺栓用高温高强度材料已应用于浙江玉环电厂 1000 兆瓦项目和安徽田集电厂。同时上海汽轮机厂还在集中攻关≥700 摄氏度合金材料的高温发电装置，为我国 700 摄氏度超超临界汽轮机示范项目贡献力量。

四、风电

长三角是我国风电装备制造业基地之一，上中下游产业链完备，龙头骨干企业聚集。中国风能协会资料显示（表 2-10），2017 年，我国 22 家风电整机制造企业新增装机容量共 1968 万千瓦。其中，长三角地区远景能源有限公司（新增装机容量占比 15.4%，下同）、上海电气风电集团股份有限公司（5.7%）、浙江运达风电股份有限公司（4.2%）、南京中人能源科技有限公司（0.6%）、华仪风能有限公司（0.5%）等风电制造企业，新增装机容量合计占比超过 26%，具备一定的市场竞争力。此外，长三角地区在风电产业链的上中下游均有所涉及，如上游零部件制造商南京高精齿轮集团有限公司、江苏苏美达机电有限公司、马鞍山方圆精密机械有限公司等企业，中游风电机组装备企业如上海电气、南京汽轮电机（集团）有限责任公司等企业，下游风力发电有龙源电力集团股份有限公司、华能江苏风电分公司等企业。海上风电领域，长三角占据优势地位。如图 2-11 所示，2017 年上海电气海上风电累计装机容量占比 55.1%，远景能源占比 13.7%，长三角地区海上风电制造市场占有率接近 70%。在风电系统智能化领域，上海电气建立了 IWIND 数据中心。截至 2018 年，该中心实现了 3412 台风机数据接入，123 个风场接入，建立了 10 年以上的风机故障处理知识库，具有 7×24 小时远程监护、实时预警、远程排故指导、健康管理、在线振动诊断服务、专家现场诊断服务及客户定制等功能。

表 2-10　2017 年中国风电整机制造企业新增装机容量

排名	制造企业	企业简称	新增装机容量/万千瓦	新增装机容量占比
1	新疆金风科技发展公司	金风科技	523	26.6%
2	远景能源有限公司	远景能源	304	15.4%
3	明阳智慧能源集团股份公司	明阳智能	246	12.5%
4	国电联合动力技术有限公司	联合动力	131	6.7%
5	中国船舶集团海装风电股份有限公司	中国海装	116	5.9%
6	上海电气风电集团股份有限公司	上海电气	112	5.7%
7	湘电风能有限公司	湘电风能	93	4.7%
8	浙江运达风电股份有限公司	运达风电	83	4.2%

续表

排名	制造企业	企业简称	新增装机容量/万千瓦	新增装机容量占比
9	东方电气风电有限公司	东方电气	80	4.1%
10	华创风能有限公司	华创风能	73	3.7%
11	三一重型能源装备有限公司	三一重能	42	2.1%
12	中国中车股份有限公司	中车风电	41	2.1%
13	丹麦维斯塔斯（Vestas）公司	Vestas	39	2.0%
14	许继风电科技有限公司	许继风电	18	0.9%
15	美国通用电气（GE）公司	GE	16	0.8%
16	Siemens Gamesa Renewable Energy S.A.	Siemens Gamesa	11	0.6%
17	南京中人能源科技有限公司	中人能源	11	0.6%
18	华仪风能有限公司	华仪风能	10	0.5%
19	太原重工股份有限公司	太原重工	7	0.4%
20	中国航天万源国际（集团）有限公司	航天万源	5	0.3%
21	北京京城新能源有限公司	京城新能源	5	0.3%
22	西安久和能源科技有限公司	久和能源	2	0.1%
合计			1968	100%

资料来源：中国风能协会

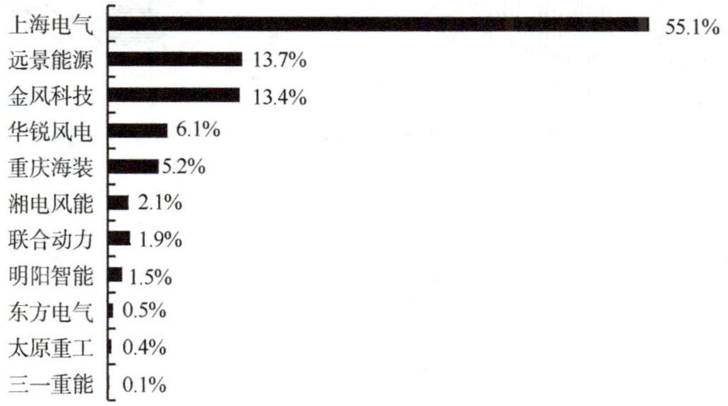

图 2-11 2017 年中国风电制造企业海上风电累计装机容量占比

资料来源：上海电气集团

华锐风电全称为华锐风电科技（集团）股份有限公司；重庆海装全称为中船重工（重庆）海装风电设备有限公司

五、光伏

长三角地区是我国光伏产业的重要布局点，半数以上规模企业聚集在此。据工业和信息化部 2013～2017 年发布的六批《光伏制造行业规范条件》企业名单统计，全国光伏制造行业企业数量共 220 家（已除去第一批撤销企业），其中 115 家分布在长三角三省一市，如图 2-12 所示。其中，江苏省 75 家，稳居全国第一，占比为 34%；浙江省 23 家，位居全国第二，占比为 10%；上海市 9 家，占比为 4%，占比为 34%；安徽省 8 家，占比为 4%。长三角地区光伏产业技术集中在产业链中下游，主要技术涉及太阳电池板或阵列制造，光伏半导体器件或其部件制造，转换器、互联器制造，光电转化发电机，并网发电装置等。全国逆变器、组件、电池制造企业有一半以上集中于长三角地区（图 2-13）。2018 年中国太阳能电池产量为 9605.34 万千瓦。从产量来看，长三角地区的江苏省、浙江省、安徽省排名前三位。其中，江苏省太阳能电池产量为 3605.9 万千瓦，占全国太阳能电池总产量的 37.54%；浙江省和安徽省产量分别为 1134.05 万千瓦和 917.09 万千瓦。2018 年，长三角三省生产的太阳能电池产量占全国总产量的 58.89%。

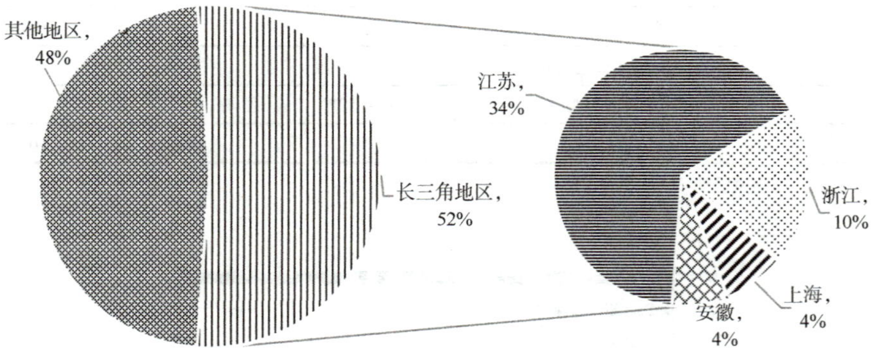

图 2-12　《光伏制造行业规范条件》入选企业统计（2013～2017 年）

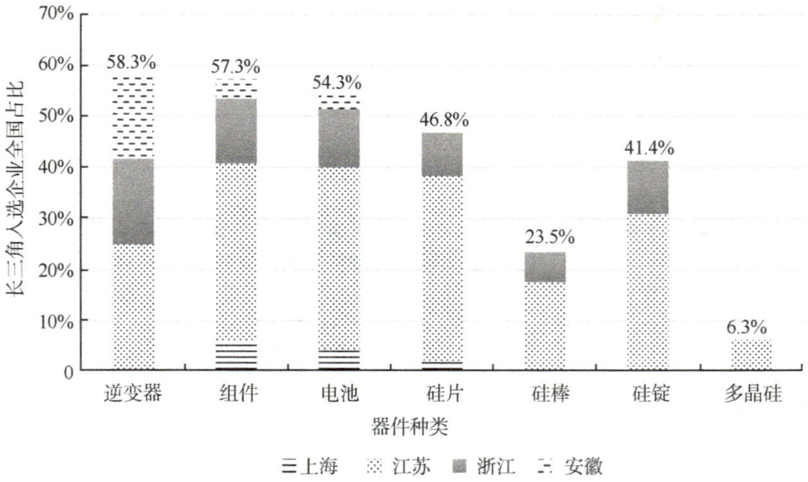

图 2-13　《光伏制造行业规范条件》长三角入选企业分环节统计

资料来源：工业和信息化部

全球数据分析公司 Global Data 发布的报告显示（表 2-11），2018 年全球光伏组件出货量排名前 10 的企业中，晶科、天合光能、阿斯特、东方日升、协鑫集成以及顺风（尚德）等长三角地区的光伏企业，全球出货量市场份额高达 42%。

表 2-11　2018 年全球光伏组件出货量排名

排名	供应商名称	企业简称	2018 年出货量/吉瓦	2018 年市场份额
1	晶科能源控股有限公司	晶科	11.6	12.8%
2	晶澳太阳能有限公司	晶澳	8.8	9.7%
3	天合光能股份有限公司	天合光能	8.1	8.9%
4	隆基乐叶光伏科技有限公司	隆基乐叶	7.2	7.9%
5	阿特斯阳光电力集团	阿斯特	6.4	7.0%
6	韩华 Q CELLS Korea	韩华 Q CELLS	5.6	6.2%
7	东方日升新能源股份有限公司	东方日升	4.8	5.3%
8	协鑫集成科技股份有限公司	协鑫集成	4.1	4.5%
9	绍兴顺风尚德光电系统集成有限公司	顺风（尚德）	3.4	3.7%
10	中利腾晖光伏科技有限公司	中利腾晖	2.9	3.2%

资料来源：Global Data

此外，长三角地区除拥有巨大的光伏电池产能外，还是光伏产品高新技术的云集之地。在光伏技术发展历程中，光电转换效率备受关注。自 2017 年 10 月至 2018 年 10 月，经国家太阳能光伏产品质量监督检验中心检测，泰州隆基乐叶光伏科技有限公司生产的 PERC（passivated emitter and rear cell）电池转换效率从 23.06%升至 23.86%，多次刷新世界纪录。

“世界光伏看中国，中国光伏看江苏”——江苏是我国光伏产业完备程度最高、企业数量最多的省份。光伏产业已形成从高纯多晶硅、硅片、组件到集成系统设备的完整产业链。重点光伏企业销售收入占全国一半左右，多晶硅产能、组件产量均居全国第一。2016 年，江苏产值超过 100 亿元的光伏企业共 6 家，产值超过 50 亿元的光伏企业共 15 家，这些龙头企业不仅支撑着江苏光伏产业生产的半壁江山，在技术创新、设备研发、系统完善等方面也发挥着巨大的作用①。

综上所述，长三角能源装备业发展特点概况如下。

①《江苏省统计局：新常态下江苏光伏产业发展现状与策略分析》，https://www.sohu.com/a/157198358_146940 [2017-07-14]。

1）能源装备制造业市场占有率高，技术储备好

长三角地区是中国装备制造业的发展重地，装备制造业工业总产值超过全国1/3，能源装备制造业中，核电设备供货超全国1/3，二次再热1000兆瓦超超临界机组国内市场占有率超过60%，风电装机容量占全国26%（海上风电超68%），全国光伏企业的一半以上分布在长三角地区等。

长三角能源装备制造业掌握着核心技术，开创了国内多个第一：国内首台H级燃气轮机技术引进落地，二次再热1000兆瓦超超临界机组全球首台示范工程等。

2）龙头骨干企业强劲“领跑”，民营中小企业创新灵活

区域内拥有上海电气、远景能源、天合光能等一批实力雄厚的龙头骨干企业，技术水平、市场份额、生产能力保持强劲发展，竞争实力优势明显。

围绕能源装备零部件的配套产业，发展出以苏州、无锡、常州地区为代表的民营中小企业，创新灵活发展。

3）产业规模快速扩大，可再生能源装备制造业优势明显

长三角地区新能源装备制造业，如风电、光伏发展迅猛，成为国内新能源产业的重要布局点，上游装备制造业发展为下游新能源大规模利用提供了坚实的技术支撑。

第六节　能源体制改革

一、长三角电力体制改革进展

（一）中国电改过程

中国电改大体上分为三个阶段：一是20世纪80年代电力投资上允许多家办电，改变过去独家办电的状况，初步扭转电力短缺问题；二是2002年2月《国务院关于印发电力体制改革方案的通知》启动的电改，实现了厂网分开、主辅分离（指电网企业把不属于电力行业的三产、附属单位等辅业分离出去，只留下电力行业的主业）；三是2015年3月《中共中央国务院关于进一步深化电力体制改革的若干意见》启动的新一轮电改，主要内容是“三放开、一独立、三强化”，进一步推进电力市场化①。

1980年之前，我国电力工业基本上实行集中统一的计划管理体制，全国经历

---

①《能源40年｜陈宗法：电力市场化改革释放行业内生发展动力》，http://shupeidian.bjx.com.cn/html/20181219/950130.shtml [2018-12-19]。

了长期的缺电局面。“六五”计划时期（1981～1985 年），继续贯彻执行“调整、改革、整顿、提高”的新八字方针，电力工业发展效果超出预期。国务院于 1985 年批转国家经济委员会等部门《关于鼓励集资办电和实行多种电价的暂行规定》的通知，1987 年提出“政企分开，省为实体，联合电网，统一调度，集资办电”的改革方针，加速了集资办电、利用外资办电、地方政府办电等进展，极大促进了电力特别是电源的发展。1985～1992 年发电装机年均增幅约为 10%，到 1992 年底达 1.67 亿千瓦。1997 年国家电力公司成立，负责电力行业商业运行的管理，加快电力工业政企分开的步伐。在 2002 年厂网分开之前，国家电力公司都作为国家授权的投资主体及资产经营主体，经营跨区送电和国家电网的统一管理。其间，二滩水电站投产后弃水，进一步引发了改革电力体制的大讨论①。

2002 年电改的主要任务是“厂网分开、竞价上网”。同时，还进行了东北、华东等区域电力市场试点，以及主辅分离、节能发电调度、大用户直接交易、发电权交易、农电体制改革等探索。发输配售大一统的国家电力公司被拆成“5+2+4”电企新格局，即五大发电集团、两大电网企业、四大辅业集团（后又整合为 2 个），市场竞争格局显现。之后十多年，电力行业实现了超乎寻常的快速发展，有力支撑了国民经济的高速发展。但部分舆论评价此轮电改没有达到中央设计的目标，存在政企分开不到位，厂网分开不彻底，主辅分离形成新垄断，输配分开陷入停滞，电网统购统销，电力调度不独立，发电企业与大用户不能直接交易，电力市场监管乏力等问题。由此引发了新一轮电改①。

2015 年电改的主要内容是“三放开、一独立、三强化”。“三放开”是指有序放开输配以外的竞争性环节电价，有序向社会资本放开配售电业务，有序放开公益性和调节性以外的发用电计划。“一独立”是指交易机构相对独立。“三强化”是指强化政府监管、统筹规划、安全可靠供应，构建“管住中间，放开两头”的体制架构，核心是建立有法可依、政企分开、主体规范、交易公平、价格合理、监管有效的市场体制①。

上述三轮电改呈现出不同特点：20 世纪 80 年代的第一轮电改特点是重在“投资侧的放开”；2002 年的电改侧重于“发电侧的放开”，解决了电力短期“量”的问题；2015 年的第三轮电改则着力“配售电侧的放开”，重在解决“质”的问题。从中国三轮电改发展历程可知，中国的电力体制改革坚持市场化改革思路，基本遵循“开放—多元—竞争—市场—规则—监管—完善”的改革逻辑，让电力行业从半封闭走向开放，从集中单一走向分散多元，促进了电力市场的形成、电力企业的竞争以及行业的快速发展，让消费者不仅“有电用”，还拥有选择权、

① 《能源 40 年 | 陈宗法：电力市场化改革释放行业内生发展动力》，http://shupeidian.bjx.com.cn/html/20181219/950130.shtml [2018-12-19]。

参与权，享受综合能源服务，利好社会[①]。

（二）长三角电改进展

目前，有关长三角电力体制改革取得的进展有如下几个方面。

1. 完成了电力交易机构的组建，开展电力交易工作

（1）长三角四省市均成立了各自的电力交易中心，包括上海电力交易中心有限公司、江苏电力交易中心有限公司、浙江电力交易中心有限公司、安徽电力交易中心有限公司，确立了各自的电力交易方式。上海交易方式有年度交易和月度交易，其中年度交易的交易方式包括双边协商交易、挂牌交易、集中竞价交易或滚动撮合交易；月度交易的交易方式为双边协商交易、集中竞价交易或滚动撮合交易[①]。上海电力直接交易暂采用价格传导法。采用双边交易模式时，直接交易价格由电力用户与发电企业通过协商自主确定；采用挂牌交易、集中竞价交易模式时，直接交易价格根据交易平台成交结果确定[②]。江苏省电力交易分为年度交易和月度交易，其中年度交易采用双边协商和挂牌方式，月度交易采用集中竞价、挂牌等方式。江苏省内发电企业或售电公司与用户通过市场成交的交易电价加上输配电价（含线损及交叉补贴）、政府性基金及附加即为到户结算电价。交易电价中包含脱硫、脱硝、除尘电价和超低排放电价[③]。浙江售电市场交易分为电力批发交易和电力零售交易。其中，电力批发交易可采用双边协商、集中竞价、平台挂牌等方式进行。售电市场的交易电价由市场主体通过双边协商、集中竞价、挂牌等市场化方式形成，交易电价含环保和超低排放电价[④]。安徽电力交易方式有年度双边交易、年度集中交易、月度（内）交易。年度双边交易是发电企业与一级用户、售电公司自主协商，按照峰、平、谷时段签订中长期交易合同，明确各时段的交易电量、电价，交易价格按合同电量电价加权平均价结算。年度集中交易采用统一边际出清方式。月度（内）交易可通过双边协商、集中竞价或挂牌交易实现[⑤]。

---

①《上海市经济信息化委 市发展改革委 国家能源局华东监管局关于印发〈2021 年上海市电力用户（含售电公司）与发电企业直接交易工作方案〉的通知》，http://www.sheitc.sh.gov.cn/jjyx/20201125/19d832a564ba4c3393fbc0aff8242106.html [2020-11-25]。

②《上海市经济信息化委 市发展改革委 国家能源局华东监管局关于印发〈2020 年上海市电力用户与发电企业直接交易工作方案〉的通知》，http://sheitc.sh.gov.cn/jjyx/20200525/a15c6ba09e9244c7aba389e7b127c355.html [2020-05-25]。

③《关于开展 2020 年电力市场交易的通知》，https://www.jspec.com.cn/homePage/details?guid= ff8080816e59fa69016e87fee06f7233&itemId=212 [2019-11-20]。

④《省发展改革委关于征求〈浙江省部分行业放开中长期电力交易基本规则（修订版，征求意见稿）〉意见的函》，http://fzggw.zj.gov.cn/art/2020/6/11/art_1599544_46520942.html [2020-06-11]。

⑤《（转发）安徽省能源局关于印发 2021 年全省电力中长期交易实施方案的通知》，https://pmos.ah.sgcc.com.cn/pmos/index/infoList.jsp?itemid=212000# [2020-11-17]。

（2）多家售电公司在电力交易机构注册。2018 年，上海共有 84 家电力用户列入直接交易准入名单①，2020 年 8 月，上海新增直接交易电力用户 2449 户②，2020 年 11 月，上海又新增 512 户直接交易电力用户③。2020 年江苏全省 10 千伏及以上用电计划全面放开，形成了 28 520 家用户、100 家售电公司参与市场交易的规模④。2018 年浙江全省报备的电力用户合计 48 822 家，其中 35 千伏及以上注册用户合计 692 家⑤，2019 年电力用户增加至 49 452 家⑥。截至 2020 年 11 月 30 日，浙江电力交易中心已完成批发市场注册工作，发电企业 21 家，批发用户 48 家，售电企业 115 家⑦。2018 年安徽电力市场共准入用户 5131 家、售电公司 181 家、发电企业 26 家，2020 年安徽省市场主体准入门槛进一步降低，市场主体准入范围进一步扩大，全省准入的市场主体已增至 10 173 家，同比增长 51%。其中，电力用户年度新增 3435 家，达到 9931 家；售电公司年度新增 5 家，达到 213 家；发电企业年度新增 1 家，达到 29 家⑧。

（3）电力直接交易规模稳中有进。上海电力交易中心有限公司通过交易平台承担电力直接交易工作。2017 年，上海累计电力交易量突破 150 亿千瓦时，其中清洁能源电量占 1/3。2019 年上海合计交易电量 143.4 亿千瓦时，其中电力直接交易 49.1 亿千瓦时，发电权交易 68.8 亿千瓦时，抽水蓄能交易 25.5 亿千瓦时[26]。预计 2021 年度上海直接交易总量为 300 亿千瓦时⑨。

2018 年江苏电力市场交易电量达 1445.1 亿千瓦时，超过 2017 年全年电力市场交易规模。2019 年江苏省内交易电量合计 3374.4 亿千瓦时，其中电力直接交易 3077.7 亿千瓦时，发电权交易 282.8 亿千瓦时，抽水蓄能交易 13.9 亿千瓦

---

①《上海市经济和信息化委员会关于印发 2018 年直接交易准入电力用户名单的通知》，http://shzw.eastday.com/shzw/n1102226/n1102230/u1ai11079035.html [2017-12-15]。

②《上海市经济和信息化委员会关于印发 2020 年下半年新增直接交易准入电力用户名单的通知》，http://www.sheitc.sh.gov.cn/jjyx/20200810/08510c42a2794a53a40b7a1d2a937ddc.html [2020-08-07]。

③《上海市经济和信息化委员会关于新增部分直接交易准入电力用户名单的通知》，http://www.sheitc.sh.gov.cn/jjyx/20201123/1dcdf359b44e4e4a845a6b5d3e43c421.html [2020-11-23]。

④《转发：关于〈江苏电力现货市场建设方案（送审稿）〉的公示》，https://www.jspec.com.cn/homePage/details?guid= ff80808176193ddf017689de8f5c02f7&itemId=212[2020-12-22]。

⑤《关于公布参与 2018 年度电力直接交易试点电力用户相关信息的通知》，http://fzggw.zj.gov.cn/art/2018/4/9/art_1599544_30219666.html [2018-04-09]。

⑥《关于公布参与 2019 年度普通直接交易试点相关信息的公告》，http://fzggw.zj.gov.cn/art/2019/4/10/art_1229123367_1047010.html [2019-04-10]。

⑦《2020 年浙江售电市场市场主体目录》，http://shoudian.bjx.com.cn/html/20201202/1119503.shtml [2020-12-02]。

⑧《安徽 2020 年电力直接交易电量 985 亿千瓦时》，https://pmos.ah.sgcc.com.cn/pmos/index/infoList.jsp?itemid=212000# [2020-01-02]。

⑨《上海市经济信息化委 市发展改革委 国家能源局华东监管局关于印发〈2021 年上海市电力用户（含售电公司）与发电企业直接交易工作方案〉的通知》，http://www.sheitc.sh.gov.cn/jjyx/20201125/19d832a564ba4c3393fbc0aff8242106.html [2020-11-25]。

时[26]。2020 年江苏省电力交易规模达到 3150 亿千瓦时，约占全社会用电量的一半①。在 2021 年江苏电力市场年度交易结果公示中，年度双边协商共成交 493 笔，总成交电量 2305.54 亿千瓦时，年度挂牌交易共成交 23 笔，总成交电量 6.57 亿千瓦时②。

浙江 2017 年电力直接交易规模 930.24 亿千瓦时，2018 年电力直接交易成交 1100 亿千瓦时，占全社会用电量的 24.29%。浙江还启动实施发电权交易，允许除三峡机组外的所有外来电参与电力直接交易。2019 年浙江省内中长期交易电量合计 818.3 亿千瓦时，其中电力直接交易 763.6 亿千瓦时，发电权交易 54.7 亿千瓦时[26]。2020 年，浙江省安排了电力直接交易电量 2000 亿千瓦时，较 2019 年同比增长 42.8%，其中：普通直接交易电量 1700 亿千瓦时，售电市场交易电量约 300 亿千瓦时③。

安徽 2018 年全年电力直接交易规模为 580 亿千瓦时，占全社会用电量的 27.2%[35]，市场规模占全社会用电量比重全国排名第九。2018 年，安徽共有 69 家一级用户（直接与发电企业成交）、45 家售电公司（代理二级用户 4254 家）与发电企业完成交易，年度双边、年度集中、月度集中成交规模分别为 450 亿千瓦时、70 亿千瓦时、60 亿千瓦时，全年电力直接交易成交均价为 0.357 元/千瓦时。2019 年安徽省内交易电量合计 853.5 亿千瓦时，其中电力直接交易 763.5 亿千瓦时，发电权交易 73.1 亿千瓦时，抽水蓄能交易 16.9 亿千瓦时[26]。2020 年安徽电力直接交易电量 985 亿千瓦时，交易规模再创新高，其中，直接与电厂交易的一级用户共成交意向电量 256 亿千瓦时，通过售电公司代理的二级用户成交电量 729 亿千瓦时④。

2. 开展输配电价改革，单独核对输配电价

我国输配电价改革始于 2014 年开启的深圳输配电价改革试点⑤。继深圳试点之后，国家发改委批复了内蒙古西部电网输配电价改革试点方案，该方案成为我国第一个省级电网输配电价改革试点方案⑥。安徽、湖北、宁夏、云南、贵州 5

①《转发：关于〈江苏电力现货市场建设方案（送审稿）〉的公示》，https://www.jspec.com.cn/homePage/details?guid=ff80808176193ddf017689de8f5c02f7&itemId=212 [2020-12-22]。

②《2021 年江苏电力市场年度交易结果公示》，https://www.jspec.com.cn/homePage/details?guid=ff80808176193ddf01768571a1d901a5&itemId=213 [2020-12-21]。

③《省发展改革委 省能源局 浙江能源监管办关于印发〈2020 年浙江省电力直接交易工作方案〉的通知》，http://fzggw.zj.gov.cn/art/2020/5/8/art_1599544_42851401.html [2020-05-08]。

④《安徽 2020 年电力直接交易电量 985 亿千瓦时 同比增 29%》，http://shupeidian.bjx.com.cn/html/20191227/1031867.shtml [2019-12-27]。

⑤《国家发展改革委在深圳市开展输配电价改革试点》，https://www.ndrc.gov.cn/fzggw/jgsj/jgs/sjdt/201411/t20141104_1109875.html [2014-11-04]。

⑥《国家发展改革委批复第一个省级电网输配电价改革试点方案》，https://www.ndrc.gov.cn/fggz/tzgg/ggkx/201506/t20150619_1078013.html [2015-06-19]。

个省级电网也相继开展了先行试点。2016 年，输配电价改革全面提速，试点范围扩大至 18 个省级电网和 1 个区域电网[①]。2016 年 11 月，国家发改委发文，要求在已开展的 18 个省级电网输配电价改革试点基础上，进一步提速输配电价改革试点工作。随后，上海、江苏、浙江等省级电网，华东、华中、东北、西北等区域电网先后开展输配电价改革试点工作[②]，标志着我国输配电价改革试点的全面推进。同年底，国家发改委会同有关部门向社会公开征求意见，《省级电网输配电价定价办法（试行）》于 2017 年 1 月出台[③]。2020 年 2 月，修订后的《省级电网输配电价定价办法》正式发布[④]。

截至 2021 年 1 月，国家发改委根据《省级电网输配电价定价办法》有关规定，在严格成本监审的基础上，制定出台了省级电网第二监管周期输配电价，印发《关于核定 2020～2022 年省级电网输配电价的通知》，标志着我国输配电价监管体系基本完善[⑤]。长三角各省级电网积极配合国家输配电改革相关工作，包括执行国家降电价工作等，各省市相继公布了 2020～2022 年的输配电价（表 2-12）。输电价格采用两部制输电价格：电量（电度）电价和容量（需量）电价。电量电价部分随区域电网实际交易结算电量收取，由购电方承担。容量电价则根据各个省市具体情况各有不同。例如，浙江对大工业用户收取的最大需量容量电价为 40 元/（千瓦·月），变压器容量电价为 30 元/（千伏安·月），对一般工商业及其他用电用户则不收取[⑥]。江苏和安徽的输配电价同浙江一样[⑦⑧]。上海对大工业用户收取的两部制最大需量容量电价为 42 元/（千瓦·月），变压器容量电价为 28 元/（千伏安·月）[⑨]。

---

①《国家发展改革委关于扩大输配电价改革试点范围有关事项的通知》，https://www.ndrc.gov.cn/xxgk/zcfb/tz/201603/t20160314_963610.html [2016-03-07]。

②《发展改革委关于全面推进输配电价改革试点有关事项的通知》，http://www.gov.cn/xinwen/2016-11/10/content_5130905.htm [2016-11-10]。

③《国家发展改革委关于印发〈省级电网输配电价定价办法（试行）〉的通知》，https://www.ndrc.gov.cn/xxgk/zcfb/tz/201701/t20170104_962848.html [2017-01-04]。

④《国家发展改革委关于印发〈省级电网输配电价定价办法〉的通知》，https://www.ndrc.gov.cn/xxgk/zcfb/ghxwj/202002/t20200205_1219961.html [2020-02-05]。

⑤《国家发展改革委核定省级电网第二监管周期输配电价》，https://www.ndrc.gov.cn/xxgk/jd/jd/202009/t20200930_1248638.html [2020-09-30]。

⑥《省发展改革委关于浙江电网 2020-2022 年输配电价和销售电价有关事项的通知》，http://fzggw.zj.gov.cn/art/2020/11/26/art_1229123366_2147122.html [2020-11-26]。

⑦《安徽省发展改革委关于调整我省销售电价有关事项的通知》，http://fzggw.ah.gov.cn/public/7011/145298701.html [2020-11-16]。

⑧《省发展改革委关于江苏电网 2020-2022 年输配电价和销售电价有关事项的通知》，http://fzggw.jiangsu.gov.cn/art/2020/11/3/ art_284_9556483.html [2020-11-03]。

⑨《上海市发展改革委关于上海电网 2017-2019 年输配电价有关事项的通知》，http://fgw.sh.gov.cn/cxxxgk/20171009/0025-32348.html [2017-10-09]。

表 2-12　2020～2022 年长三角地区电网输配电价汇总表

省市	大工业							
	电度电价/（元/千瓦时）						容（需）量电价	
	不满 1 千伏	1～10 千伏	20～35 千伏	35～110 千伏	110 千伏	220 千伏	最大需量/［元/（千瓦·月）］	变压器容量/［元/（千伏安·月）］
上海*	0.3295	0.2782	0.2298[a]		0.1874	0.1874	42	28
江苏		0.1764	0.1664	0.1514	0.1264	0.1014[d]	40	30
浙江		0.1772	0.1572[b]	0.1472[c]	0.1272	0.1102[d]	40	30
安徽		0.1763	0.1513[a]		0.1263	0.1013	40	30

省市	一般工商业及其他用电					
	电度电价/（元/千瓦时）					
	不满 1 千伏	1～10 千伏	20～35 千伏	35～110 千伏	110 千伏	220 千伏
上海*	0.4681	0.4214	0.3957[a]		0.3772	0.3772
江苏	0.236	0.211	0.201	0.186		
浙江	0.2611	0.2303	0.2141[b]	0.2060[c]		
安徽	0.2065	0.1915	0.1765[a]			

*表示上海的数据为 2017～2019 年上海电网输配电价①；a 代表 35 千伏；b 代表 20 千伏；c 代表 35 千伏；d 代表 220 千伏及以上

相较 2017～2019 年的输配电价，2020～2022 年长三角各省市的输配电价均有所下调。例如，安徽降低省内工商业及其他用电（两部制）目录电价，两部制 1～10 千伏、35 千伏、110 千伏、220 千伏目录电价每千瓦时分别降低 3.46 分、4.46 分、5.46 分、6.96 分①。上海市大工业用电价格每千瓦时平均降低 0.97 分，合理调整不同电压等级间的价差，大工业用电不满 1 千伏电压等级电价平均每千瓦时降低 0.77 分②。浙江从 2021 年 1 月 1 日起，大工业平均销售电价每千瓦时预计将较 2019 年下降 5.2 分。大工业用电 1～10 千伏、20 千伏、35 千伏、110 千伏、220 千伏及以上各电压等级低谷电价每千瓦时将分别下降 6.25 分、6.25 分、6.25 分、6.05 分、7.25 分③。

3. 推进增量配电网改革，初步形成售电侧市场竞争机制

自《中共中央 国务院关于进一步深化电力体制改革的若干意见》公布以来，

① 《安徽省发展改革委关于调整我省销售电价有关事项的通知》，http://fzggw.ah.gov.cn/public/7011/145298701.html [2020-11-16]。

② 《关于降低本市大工业用电价格的通知》，http://fgw.sh.gov.cn/jgl/20201201/4137ad5b6a10415fbe569958f5959987.html [2020-12-01]。

③ 《省发展改革委关于浙江电网 2020-2022 年输配电价和销售电价有关事项的通知》，http://fzggw.zj.gov.cn/art/2020/11/26/art_1229123366_2147122.html [2020-11-26]。

增量配电试点被认为是此次电改的核心环节。2016 年 10 月 11 日，国家发改委下发《有序放开配电网业务管理办法》，提出“鼓励社会资本投资、建设、运营增量配电网”“鼓励电网企业与社会资本通过股权合作等方式成立产权多元化公司经营配电网”①，这代表着配电网市场正式向社会资本完全开放。自此，国家发改委和国家能源局分五批在全国范围内共批复 482 个增量配电业务改革试点（第一批 105 个，第二批 89 个，第三批第一批次 97 个，第三批第二批次 28 个，第四批 84 个，第五批 79 个）。2019 年 9 月有 24 个项目申请取消增量配电业务试点，截至 2020 年 10 月全国共有 458 个增量配电业务试点。

国家发改委公布消息显示，截至 2019 年 8 月 31 日，增量配电业务改革第一批试点项目中，92 个项目已确定项目业主，29 个项目已开工建设，河北曹妃甸化学园区、河北沧州临港经济技术开发区、山西太原工业新区、福建宁德湾坞-漳湾工业园区、新疆生产建设兵团第十三师增量配电业务试点等 25 个增量项目已建成投产。另有消息表明，第二批、第三批共 214 个增量配电业务改革试点项目中，仅 62 个试点项目确定业主，13 个取得电力业务许可证，8 个开工建设②。2018 年 12 月 19 日，国家发改委、国家能源局发布了《关于请报送第四批增量配电业务改革试点项目的通知》③，首次将增量配电试点改革的意义提升到了“支持民营企业发展”的高度，并明确在目前已基本实现地级以上城市全覆盖的基础上，将试点向县域延伸。2019 年 6 月 26 日，国家发改委、国家能源局公布了第四批增量配电业务改革试点名单，第四批增量配电业务改革试点覆盖了河北、山西、内蒙古等 25 个省区市共 84 个试点项目④。2020 年 8 月 26 日，国家发改委和国家能源局批复了第五批 79 个增量配电业务改革试点项目⑤。

五批增量配电业务改革试点项目中，位于长三角地区的增量配电业务试点共有 53 个（第一批 18 个，第二批 1 个，第三批第一批次 16 个，第三批第二批次 4 个，第四批 9 个，第五批 5 个），其中上海 2 个，江苏 17 个，浙江 17 个，安徽 17 个（表 2-13）。总体上，该地区大部分的增量配电业务试点工作正在缓慢推进。仅有少部分试点取得电力业务许可证，包括浙江温州龙湾区空港新区天城围垦区

---

①《国家发展改革委　国家能源局关于印发〈售电公司准入与退出管理办法〉和〈有序放开配电网业务管理办法〉的通知》，https://www.ndrc.gov.cn/xxgk/zcfb/tz/201610/t20161011_963217.html [2016-10-11]。

②《国家发展改革委办公厅　国家能源局综合司关于印发〈增量配电业务改革试点项目进展情况通报（第二期）〉的通知》，https://www.ndrc.gov.cn/xxgk/zcfb/tz/201904/t20190403_962416.html [2019-04-03]。

③《国家发展改革委办公厅　国家能源局综合司关于请报送第四批增量配电业务改革试点项目的通知》，https://www.ndrc.gov.cn/xxgk/zcfb/tz/201812/t20181226_962352.html [2018-12-26]。

④《国家发展改革委　国家能源局关于规范开展第四批增量配电业务改革试点的通知》，https://www.ndrc.gov.cn/ xxgk/zcfb/tz/201906/t20190626_962467.html [2019-06-26]。

⑤《国家发展改革委　国家能源局关于开展第五批增量配电业务改革试点的通知》，https://www.ndrc.gov.cn/xxgk/zcfb/tz/202008/t20200826_1236873.html [2020-08-26]。

增量配电业务试点、江苏镇江扬中高新技术产业开发区增量配电业务试点、江苏宿迁运河宿迁港产业园增量配电业务试点、江苏南通通州湾增量配电业务试点、安徽宁国经济技术开发区河沥园区增量配电业务试点等。其中，安徽宁国经济技术开发区河沥园区增量配电业务试点是国家能源局华东监管局颁发的辖区内首张增量配电试点电力业务许可证。截至 2019 年 1 月 31 日，尚未确定业主的增量配电改革试点有浙江金华东阳市增量配电业务试点、浙江湖州省际承接产业转移示范区（泗安林城板块）增量配电业务试点、安徽和县产业新城增量配电业务试点；已完成前置程序但仍未开工的试点项目有江苏镇江扬中高新技术产业开发区增量配电业务试点、江苏宿迁运河宿迁港产业园增量配电业务试点、江苏南通通州湾增量配电业务试点、江苏南京江北新区玉带片区增量配电业务试点、江苏连云港徐圩新区增量配电业务试点、浙江洋山深水港北侧陆域增量配电业务试点、安徽蚌埠市沫河口工业园区增量配电业务试点[①]。增量配电业务改革推进缓慢的主要原因在于企业经营艰难、投资热情减退、业务定位不清和价格机制不明等，急需利于健康发展的新机制。

表 2-13　长三角地区增量配电业务试点

省市	项目名称	批次
上海（2 个）	上海石化暂供电区域增量配电业务试点	第一批
	上港集团外高桥港区增量配电业务试点	第四批
江苏（17 个）	南京江北新区玉带片区增量配电业务试点	第一批
	连云港徐圩新区增量配电业务试点	第一批
	南通通州湾增量配电业务试点	第一批
	宿迁运河宿迁港产业园增量配电业务试点	第一批
	镇江扬中高新技术产业开发区增量配电业务试点	第一批
	常州双创示范园增量配电业务试点	第三批第一批次
	无锡星洲工业园增量配电业务试点	第三批第一批次
	苏州张家港双山岛增量配电业务试点	第三批第一批次
	扬州仪征枣林湾“两园”增量配电业务试点	第三批第一批次
	泰州泰兴经济技术开发区（天星洲片区）增量配电业务试点	第三批第一批次
	徐州徐矿集团矿区增量配电业务试点	第三批第一批次
	徐州经济技术开发区增量配电业务试点	第三批第一批次
	盐城滨海新区新滩产业园增量配电业务试点	第三批第一批次

①《国家发展改革委办公厅 国家能源局综合司关于印发〈增量配电业务改革试点项目进展情况通报（第二期）〉的通知》，https://www.ndrc.gov.cn/xxgk/zcfb/tz/201904/t20190403_962416.html [2019-04-03]。

续表

省市	项目名称	批次
江苏（17个）	淮安盱眙宁淮新兴产业科技园增量配电业务试点	第三批第一批次
	无锡江阴国家高新技术产业园开发区增量配电业务试点	第四批
	宿迁泗阳精品化纤产业园增量配电业务试点	第四批
	宿迁恒力时尚产业园增量配电业务试点	第五批
浙江（17个）	温州龙湾区空港新区天城围垦区增量配电业务试点	第一批
	宁波经济技术开发区联合区域增量配电业务试点	第一批
	长广电网浙江片增量配电业务试点	第一批
	金华东阳市增量配电业务试点	第一批
	洋山深水港北侧陆域增量配电业务试点	第一批
	湖州省际承接产业转移示范区（泗安林城板块）增量配电业务试点	第一批
	海盐云计算及智能中心基地增量配电业务试点	第二批
	临海国际医药小镇增量配电业务试点	第三批第二批次
	建德湖塘工业区块增量配电业务试点	第三批第二批次
	遂昌金矿增量配电业务试点	第三批第二批次
	常山县球川镇工业功能区增量配电业务试点	第三批第二批次
	嵊州省级高新技术产业园区增量配电业务试点	第四批
	舟山市六横镇小郭句临港产业园增量配电业务试点	第四批
	苍南县龙港镇彩虹智慧创业园增量配电业务试点	第四批
	绍兴精工马海工业园增量配电业务试点	第五批
	安吉经济开发区增量配电业务试点	第五批
	衢州元立自供区增量配电业务试点	第五批
安徽（17个）	宁国经济技术开发区河沥园区增量配电业务试点	第一批
	淮北经济开发区增量配电业务试点	第一批
	金寨现代产业园区增量配电业务试点	第一批
	蚌埠铜陵现代产业园增量配电业务试点	第一批
	安徽和县产业新城增量配电业务试点	第一批
	蚌埠市沫河口工业园区增量配电业务试点	第一批
	天长市金牛湖新区增量配电业务试点	第三批第一批次
	池州经开区东部园区增量配电业务试点	第三批第一批次
	马鞍山市当涂经济开发区增量配电业务试点	第三批第一批次
	合肥巢湖经济开发区增量配电业务试点	第三批第一批次
	淮南市高新区（山南新区）增量配电业务试点	第三批第一批次
	阜阳合肥产业园增量配电业务试点	第三批第一批次
	马鞍山慈湖高新技术产业开发区智慧小镇增量配电业务试点	第三批第一批次
	宣城经济技术开发区增量配电业务试点	第四批
	安徽（淮北）新型煤化工合成材料基地	第四批

续表

省市	项目名称	批次
安徽（17个）	安徽颍上经济开发区增量配电业务试点	第四批
	安庆市高新区增量配电业务试点	第五批

4. 电力现货市场平稳推进

2017 年，我国确定南方（以广东起步）、蒙西、浙江、山西、山东、福建、四川、甘肃等 8 个地区为电力现货市场建设第一批试点。其中，南方电力现货市场于 2018 年 8 月进入模拟试运行，甘肃、山西两地于 2018 年 12 月 27 日启动电力现货市场试运行。这标志着我国首批电力现货市场试点建设迈开大步，全国电力市场化改革进入了新阶段。2019 年 5 月 15～16 日，南方（以广东起步）电力现货市场开始了为期 2 天的连续结算试运行，同月 20 日发布了国内首次电力现货交易结算结果，包括 190 台发电机组、123 家售电公司、3 家大用户在内的广东全部市场主体参与本次结算，这意味着我国电价不再是完全政府定价①。

浙江是全国首批 8 个电力现货市场之一，也是长三角地区唯一一个电力现货市场。浙江通过国际招标，与美国 PJM 和中国电力科学研究院联合签订浙江省级电力市场咨询合同，为浙江电力市场详细设计和市场规则编制提供咨询服务。浙江已编制完成现货市场建设方案，于 2019 年 5 月 30 日正式启动模拟试运行[36]，这标志着浙江现货市场的大幕终于拉开。据悉，浙江电力现货市场模拟试运行共分为三个阶段：分时段模拟阶段（2019 年 6～7 月）、连续模拟阶段（2019 年 8～9 月）和深化模拟阶段（2019 年 10～11 月）②。浙江电力现货市场是国家电网公司供电区域范围内第一个能源净输入省份的电力现货市场。第一阶段的市场主体包括全省统调发电厂（不含非水可再生电源）、具备申报条件的售电公司和批发市场用户，后两个阶段将有更多市场主体逐步加入。江苏于 2020 年 12 月出台了江苏电力市场建设方案，拟定 2021～2023 年为电力现货市场初步建立阶段，2024 年后为现货市场完善提升阶段，旨在构建有效竞争的电力市场体系，发挥市场在资源配置中的决定性作用③。

---

①《中国首次电力现货交易结算在南方市场实施》，http://www.ce.cn/xwzx/gnsz/gdxw/201905/21/t20190521_32137750.shtml [2019-05-21]。

②《浙江电力现货模拟试运行三阶段详解》，http://shoudian.bjx.com.cn/html/20190531/983617.shtml [2019-05-31]。

③《转发：关于〈江苏电力现货市场建设方案（送审稿）〉的公示》，https://www.jspec.com.cn/homePage/details?guid=ff80808176193ddf017689de8f5c02f7&itemId=212 [2020-12-22]。

二、长三角油气体制改革进展

中国油气领域长期以来都处于高度垄断状态。《中国天然气发展报告（2020）》白皮书显示，截至2019年底，中国天然气干线管道里程约8.7万公里，一次输气能力达到3500亿米^3/年[31]。主干管道之间、主干管道与省级管网之间、沿海LNG接收站与主干管道之间互联互通程度较低，区域气源“孤岛”或LNG孤站多处存在，具备互联互通功能的枢纽站和双向输气功能的管道较少，管网压力不匹配，富余气源和LNG接收站不能有效利用。截至2017年底，三大石油公司管网之间仅三处实现互联互通，对资源调配和市场保供造成较大制约，这种高度垄断的状态有碍于管网建设、资源调配、市场保供以及对第三方的公平开放。因此，亟须通过油气体制改革来打破现有的垄断。经过多年酝酿，2017年5月，中共中央、国务院下发了《关于深化石油天然气体制改革的若干意见》①，要求深化油气管网运营机制改革，分步推进国有大型油气企业干线管道独立，将油气输送与生产、销售分离。油气改革的思路是中石油、中石化、中海油（中国海洋石油集团有限公司）等国有大型油气企业的管道资产将被剥离，组建国有资本控股、投资主体多元的石油天然气管网公司，推动形成上游油气资源多主体多渠道供应、中间统一管网高效集输、下游销售市场充分竞争的油气市场体系。2019年1月，国家发改委开会通过国家油气管网公司组建方案；2019年12月9日，国家石油天然气管网集团有限公司（以下简称国家管网公司）在北京正式成立，标志着深化油气体制改革迈出关键一步。新成立的国家管网公司主要职责②：负责全国油气干线管道、部分储气调峰设施的投资建设；负责干线管道互联互通及与社会管道互联互通，形成“全国一张网”；负责原油、成品油、天然气的管道输送；负责全国油气干线管网运行调度，定期向社会公开剩余管输和储气能力，实现基础设施向所有符合条件的用户公平开放等。国家管网公司的成立具有重要的意义：一是进一步推进油气管道运输独立，加快管道和储运设施互联互通进程，加快推进基础设施向市场开放，有助于统一调配资源；二是新管网公司成立后，成本监审深入推进，管输最高收益率限制政策得到进一步贯彻执行，管输费用下降，更进一步向“管住中间，放开两头”发展模式靠拢。除上述管网领域改革外，产业链其他领域都将有动作，油气勘察开采管理体制改革相关细节等也将陆续出台。总体上，油气行业的改革还将会持续推进。

相较于电力体制改革，长三角油气体制改革步调缓慢。石油体制改革方面，

①《中共中央 国务院印发〈关于深化石油天然气体制改革的若干意见〉》，http://www.gov.cn/xinwen/2017-05/21/content_5195683.htm [2017-05-21]。

②《促进油气行业高质量发展—专访国家管网公司有关负责人》，http://www.gov.cn/xinwen/2019-12/09/ content_5459633.htm [2019-12-09]。

长三角各省市政府结合各自的实际情况，制订了相应的体制改革工作方案。上海成立了上海石油天然气交易中心及上海国际能源交易中心，但市场活力未进一步释放。天然气体制改革方面，主要有以下三方面工作：一是长三角政府部门在国家宏观政策的引领下，对天然气的发展做出了一系列重要的文件指引。例如，江苏印发了《江苏省 LNG 接收站公平开放监管实施办法》《天然气管道运输价格管理办法（试行）》《天然气管道运输定价成本监审办法（试行）》等，浙江发布了《浙江省天然气发展三年行动计划（2018—2020 年）》等，安徽发布了《安徽省油气管网基础设施建设规划（2017—2021 年）》等。二是积极协调中石油、中石化、中海油等在长三角输气管网的互联互通。例如，江苏省编制了省沿海天然气管道规划，填补沿海地区干线空白。三是开展了 LNG 接收站对第三方市场主体公平准入试点示范工作。2018 年 10 月底，LNG 公平开放后在上海石油天然气交易中心中标的第一船气“破冰”抵达中海油粤东 LNG 接收站，随着后续 LNG 窗口期交易的陆续开放，民营企业参与天然气进口市场的力度将进一步加大。

第七节　能源发展与经济社会和生态环境的关系

从系统论的角度看，能源消费与当地的经济社会、生态环境组成了一个相互制约、相互影响的复杂系统。简而言之：一方面，能源作为生产要素参与到经济增长和社会发展中，另一方面，能源消费也会给生态环境带来潜在影响；反之，经济增长和社会发展又促进能源的快速增长，生态环境的改善需求也会限制能源的粗放使用。国内外大量的研究表明，某一国家、地区的能源—经济—社会—环境之间不仅存在二元的两两相关性，还存在三元甚至更多元的复杂联系。为探讨长三角能源发展与经济社会和生态环境的关系，此处将回归分析作为定量分析的基础方法，并在该基础上对能源发展与经济社会和生态环境的关系进行进一步分析阐述。

在定量分析长三角能源发展与经济社会、生态环境的关系时，此处从数据的可获得性和指标的物理意义出发，选取了覆盖长三角能源发展、经济社会和生态环境三个方面共约 10 个指标。其中，能源发展相关指标包括能源消费总量、电力消费总量占能源消费总量的比重、能源投资占地区生产总值比重、非化石发电占当地发电总量的比重，分别用来代表长三角的能源利用规模、终端电气化程度、能源投资力度、电力清洁化程度等特征；经济社会相关指标包括人口总数、人均地区生产总值、第二产业比重，分别代表长三角的人口规模、经济水平、产业结构等特征；生态环境相关指标包括 SO_2 排放、烟尘排放、工业污染治理投资占财政支出的比重等，分别代表长三角的大气污染物排放水平、污染治理力度等特征。所考察样本的时间范围是 1990 年至 2018 年。数据来源主要包括各年度的《中国能源统计年鉴》、《中国统计年鉴》、《上海统计年鉴》、《江苏统计年鉴》、《浙江统计年鉴》、《安徽统计年鉴》、《中国环境统计年鉴》及《中国环境年鉴》等。

一、能源发展与经济社会、生态环境的相关性研究

长三角地区能源发展与经济社会、生态环境的相关关系结果见表 2-14。

表 2-14　长三角地区能源发展与经济社会、生态环境相应指标间的 Pearson 相关系数

指标	能源消费总量	电力消费总量占能源消费总量的比重	能源投资占地区生产总值比重	非化石发电占当地发电总量的比重	人口总数	人均地区生产总值	第二产业比重	SO_2 排放	烟尘排放	工业污染治理投资占财政支出的比重
能源消费总量	1	0.987	−0.556	0.589	0.979	0.965	−0.569	−0.548	−0.306	−0.853
电力消费总量占能源消费总量的比重	0.987	1	−0.521	0.650	0.987	0.966	−0.606	−0.586	−0.366	−0.864
能源投资占地区生产总值比重	−0.556	−0.521	1	−0.380	−0.468	−0.563	0.328	0.453	0.014	0.477
非化石发电占当地发电总量的比重	0.589	0.650	−0.380	1	0.624	0.592	−0.406	−0.486	−0.407	−0.665
人口总数	0.979	0.987	−0.468	0.624	1	0.925	−0.525	−0.484	−0.401	−0.898
人均地区生产总值	0.965	0.966	−0.563	0.592	0.925	1	−0.747	−0.732	−0.240	−0.769
第二产业比重	−0.569	−0.606	0.328	−0.406	−0.525	−0.747	1	0.921	0.081	0.364
SO_2 排放	−0.548	−0.586	0.453	−0.486	−0.484	−0.732	0.921	1	0.178	0.358
烟尘排放	−0.306	−0.366	0.014	−0.407	−0.401	−0.240	0.081	0.178	1	0.534
工业污染治理投资占财政支出的比重	−0.853	−0.864	0.477	−0.665	−0.898	−0.769	0.364	0.358	0.534	1

从长三角地区能源发展与经济社会的关系来看：能源消费总量与人口总数、人均地区生产总值均存在线性极强相关关系，r 值分别为 0.979 和 0.965；电力消费总量占能源消费总量的比重与人口总数和人均地区生产总值均存在线性极强相关关系，r 值分别为 0.987 和 0.966；非化石发电占当地发电总量的比重与人均地区生产总值存在线性中等程度相关关系，r 值为 0.592。

从长三角能源发展与生态环境的相关性结果来看：能源消费总量与 SO_2 排放存在线性中等程度负相关关系，r=−0.548；能源消费总量与烟尘排放线性关系弱，

r 值为–0.306；电力消费总量占能源消费总量的比重与烟尘排放呈线性弱负相关关系，r 值为–0.366；非化石发电占当地发电总量的比重与 SO_2 排放和烟尘排放均存在线性中等程度负相关关系，r 值分别为–0.486 和–0.407；非化石发电占当地发电总量的比重与工业污染治理投资占财政支出的比重存在线性强负相关关系，r 值为–0.665。

从长三角经济发展与生态环境的相关性结果看：人均地区生产总值与 SO_2 排放存在线性强负相关关系，r 值为–0.732；人均地区生产总值与烟尘排放二者间呈线性弱负相关关系，r 值为–0.240；人均地区生产总值与工业污染治理投资占财政支出的比重二者间存在线性强负相关关系，r 值为–0.769；第二产业比重与 SO_2 排放之间存在线性极强正相关关系，r 值为 0.921；第二产业比重与烟尘排放的线性关系极弱，r 值为 0.081；第二产业比重与工业污染治理投资占财政支出的比重存在线性弱相关关系，r 值为 0.364。

二、能源发展—经济社会—生态环境回归分析

从前述 Pearson 相关系数结果能看出变量间相关性的强弱，但无法判断变量间是怎么互相影响的。为进一步了解能源发展与经济社会、生态环境相关变量之间的数量关系，此处选取相应指标用 SPSS 软件进行回归分析。从表 2-14 中的结果可知，并非所有的变量间都存在显著的线性关系，因此此处对存在显著线性相关关系的变量采取线性回归，对线性关系不显著且变量间具有实际意义的采用非线性回归方法进行探讨，并在回归结果的基础上结合长三角地区实际情况对该地区能源发展与经济社会和生态环境的关系做进一步分析。

（一）人口规模对能源消费的影响

众所周知，现代经济社会中人口的数量与能源消费总量存在某种正向的关联，对能源消费总量与人口总数的关系进行线性回归，得到回归方程表示为：$y=-2.73\times10^5+15.543x$（图 2-14）。经检验诊断，人口总数对能源消费总量的影响有统计学意义，F 值为 632.750，$p<0.001$，判定系数 R^2 值为 0.959，调整 R^2=0.958，该回归直线拟合良好。标准化回归系数为 0.979，非标准化回归系数值为 15.543，即人口总数每增加 1 万人，能源消费总量将增加 15.543 万吨标准煤。该结果反映长三角人口增长在一定程度上拉动了能源消费增长，人口规模扩大会给能源消费带来一定的压力。但必须指出，1990～2018 年这 29 年中，长三角历年人均能源消费数据呈平稳增长—快速增长—增速放缓的“S”形曲线，直线回归结果在一定程度上放大了人口总数对能源消费总量的影响。

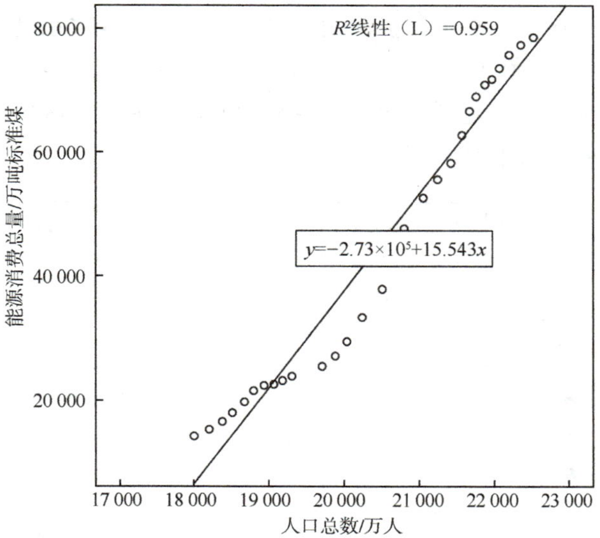

图 2-14 长三角人口总数与能源消费总量的关系

（二）地区经济发展水平对能源消费的影响

能源消费总量与人均地区生产总值的 Pearson 相关系数表明，二者之间存在显著的强线性相关关系。同人口总数与能源消费总量的关系类似，采用简单线性回归模型分析长三角能源消费总量（y，万吨标准煤）与人均地区生产总值（x，元）的关系，得到能源消费总量与人均地区生产总值的线性回归方程为：y=1.913+0.766x。经诊断检验，人均地区生产总值对能源消费总量的影响有统计学意义，F 值为 370.205，p<0.001，判定系数 R^2 值为 0.932，调整 R^2=0.930，表明拟合效果良好。标准化回归系数值为 0.965，非标准化回归系数值为 0.766，表明人均地区生产总值每增加 1 万元，能源消费总量将增加 0.766 亿吨标准煤。可见，长三角 29 年人均地区生产总值的增长在一定程度上是以能源消费总量的增加为驱动力的。

由长三角 29 年经济发展相关历史数据可知，该地区人均地区生产总值的年均增速（11.6%）远高于能源消费的年均增速（6.30%），与人均地区生产总值持续快速增加相对应的是长三角能源消费总量表现出先快速增长后增速放缓的趋势特点。经初步计算，长三角地区能源消费弹性系数在 2005 年达到峰值 1.2，随后逐年波动下降，2018 年能源消费弹性系数约为 0.23。这是因为近年来长三角地区受能源消费总量和能源消费强度“双控”的约束，能源消费增长速度低于地区生产总值增长速度。从这层意义上可知，上述简单线性回归模型没有真实反映人均地区生产总值与能源消费总量之间的关系，因为在“双控”的要求下，长三角能源消费总量不会一直按照直线方式增长。因此，通过对二者的关系进行曲线拟合，可知长三角人均地区生产总值与能源消费总量之间的最佳关系是三次曲线，最佳拟合优度达到 0.996（图 2-15）。可见，随着人均地区生产总值的增加，长三角能源消费总量的增加会逐步趋缓。该结果也从侧面证实人均地区生产总值增加并非导致能源消费总量增长的唯一因素。

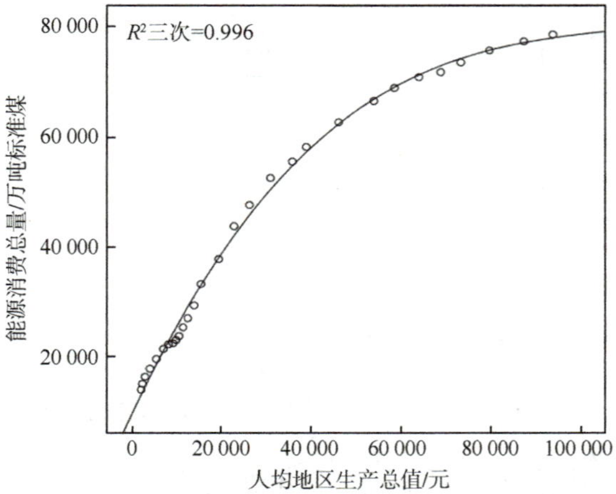

图 2-15　长三角人均地区生产总值与能源消费总量的关系

（三）地区经济发展水平对终端电气化程度的影响

电力消费总量占能源消费总量的比重大小与经济发展水平关系密切，它可用来度量各类用户的电力消费水平，反映电力对社会经济发展的作用。一般来说，经济水平越高，电力消费总量占能源消费总量的比重越大。绘制长三角电力消费总量占能源消费总量的比重与人均地区生产总值的散点图，发现二者之间存在线性关系，Pearson 相关系数结果也表明二者存在显著的线性关系。采用简单线性回归对电力消费总量占能源消费总量的比重（y，%）与人均地区生产总值（x，元）的关系进行分析，得到回归方程为 $y=10.72+1.33\times10^{-4}x$，线性回归结果见图 2-16。经诊断检验，人均地区生产总值对电力消费比重的影响有统计学意义，F 值为 375.787，$p<0.001$，决定系数 R^2 值为 0.933，调整 $R^2=0.930$，该回归模型拟合效果良好。标准化回归系数值为 0.966，非标准化回归系数值为 1.33×10^{-4}，即人均地区生产总值每增加 1 万元，电力消费比重将上升 1.33%。

事实上，全球终端电能占比长期以来保持稳步提高态势，但发达国家和发展中国家表现出不同的终端电气化发展水平。发达国家整体电气化水平提升放缓多受产业结构持续调整、替代能源竞争力增强等因素的影响，处于工业化后期的发达国家终端电能占比普遍在 20%～25%波动，一些国际化都市（如东京、巴黎、伦敦等）的电气化水平在 30%～35%[1]。发展中国家受工业化进程推动，终端电能占比迅速提高，成为全球终端消费侧电气化水平稳步提升的主要动力。对长三角地区而言，该地区的人均地区生产总值从 1990 年的 2089 元增加到 2018 年的 93 844 元，相应终端电气化程度从 9.46%提升至 22.45%，终端电气化程度已接近发达国家的水平。可见，地区经济水平的提高能在一定程度上加快终端电气化的提升速度。

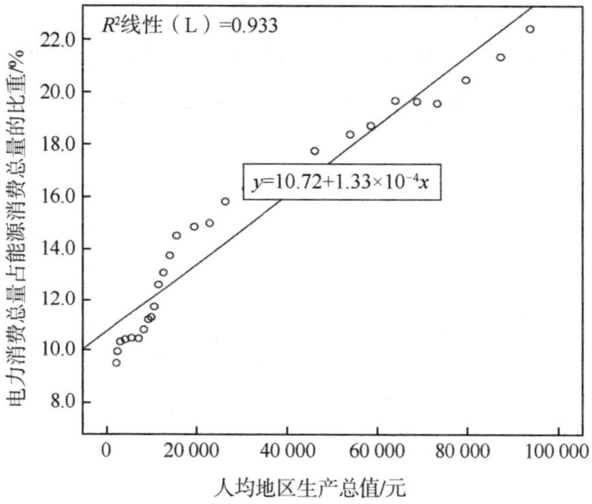

图 2-16　长三角电力消费总量占能源消费总量的比重与人均地区生产总值的关系

（四）产业结构对污染物排放的影响

从前述 Pearson 相关系数结果可知，长三角地区第二产业比重与该地区 SO_2 排放存在显著的极强线性相关。此处采用简单线性回归对 SO_2 排放（y，万吨）与第二产业比重（x，%）进行分析，得到回归方程 y=−666+18.616x，线性回归结果见图 2-17。经诊断检验，第二产业比重对 SO_2 排放的影响有统计学意义，F 值为 149.946，p<0.001，决定系数 R^2 值为 0.847，调整 R^2 为 0.842，说明该线性回归模型较好。标准化回归系数值为 0.921，非标准化回归系数值为 18.616，说明第二产业比重每下降一个百分点，SO_2 排放量就会下降 18.616 万吨。

长三角历年相关数据表明，该地区第二产业的占比从 1990 年的 49.4%波动下降至 2018 年的 41.7%，相应的 SO_2 排放也呈波动下降趋势。结合回归模型可知，第二产业比重的变化可在一定程度上解释该地区 SO_2 排放的变化。第二产业比重的下降会减少矿产和能源的消耗，相应产生的 SO_2 排放量也会减少。一般而言，第二产业的特点决定其对资源的消耗和污染物的产生与排放数量是大于第一、第三产业的，而第二产业内部各行业由于资源消耗水平和工艺流程的不同，对环境

① 《电气化发展的国际比较及对我国的启示》，http://news.bjx.com.cn/html/20180702/909551.shtml [2018-07-02]。

的影响程度也有很大差异。因此，产业结构调整是解决环境结构性污染的根本途径。除第二产业比重下降会导致 SO_2 排放量减少外，近些年 SO_2 排放量的减少还与环境保护的重视程度和资金投入、脱硫脱硝等环保技术的应用等有关。对长三角地区而言，上海、江苏、浙江、安徽三省一市的产业结构是由各地区的具体情况所决定的，优化产业结构是长期的产业发展目标，而控制工业内部高能耗、高污染产业的发展，加大高污染企业节能减排的力度，加大清洁生产行业的要素投入，是长三角地区控制环境污染总量、优化经济与环境关系的重要途径。

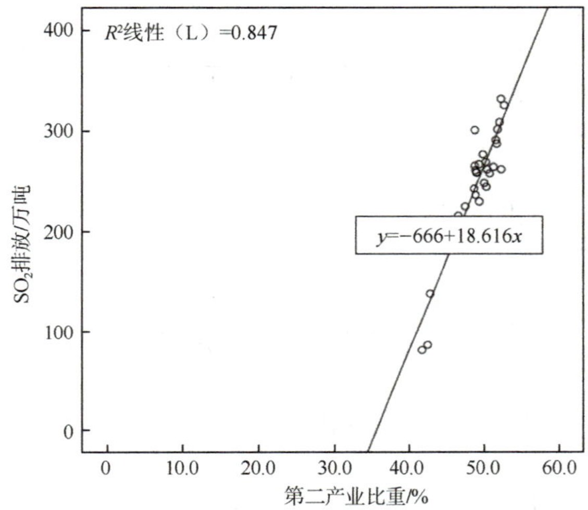

图 2-17　长三角 SO_2 排放与第二产业比重的关系

（五）经济发展对污染物排放的影响

世界多数发达国家的经验表明，环境污染与经济增长之间并非简单的线性关系。许多研究者也提出了多个环境污染与经济增长之间的关系模型，如倒“U”形环境库兹涅茨曲线。随着一国经济实力的增强，污染物排放量先会逐渐上升，当国民收入达到一个转折点时，经济增长又会对环境质量的改善起到促进作用。为此，对长三角 SO_2 排放（y，万吨）与人均地区生产总值（x，元）的关系进行曲线估计，选取对数、倒数、二次曲线、三次曲线、复合模型、次方模型、S 模型、指数模型等进行拟合，发现二次曲线的拟合优度最高（图 2-18），拟合方程为 $y=246.527+0.003\ 16x-5.457\times10^{-8}x^2$，$R^2$ 值达到 0.888，$p<0.001$，且二次曲线模型能更好地描述人均地区生产总值与 SO_2 排放的关系，符合环境污染与经济增长之间的环境库兹涅茨理论。

二次曲线拟合结果表明：长三角人均地区生产总值低于 3 万元时，SO_2 排放随着人均地区生产总值的增加而增大；当人均地区生产总值超过 3 万元时，SO_2

排放就开始降低。这说明，在无其他因素干扰的情况下，长三角人均地区生产总值超过拐点 3 万元时，经济增长可促进该地区环境治理，这主要是因为：①经济发展能够带动科学技术的进步，进而提高资源利用率，减少污染物的产生；②经济发展为环境污染治理提供充足的资金和设备；③经济发展提高了人们的需求层次和对环境保护的关注程度；④经济发展带动了地区产业结构调整，实现了对生态环境的保护。

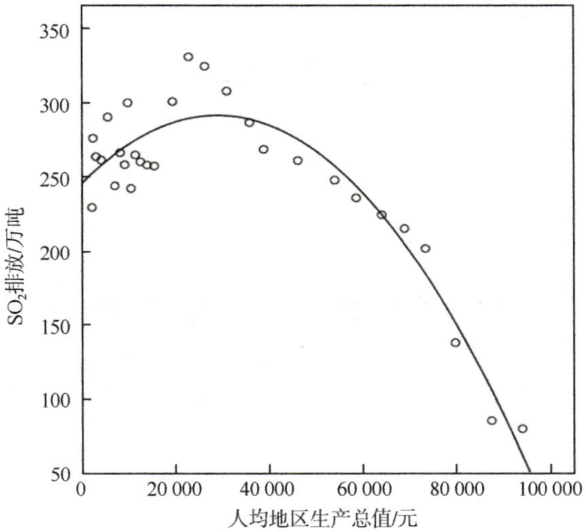

图 2-18 长三角 SO_2 排放与人均地区生产总值的关系

（六）发电结构清洁化对环境污染治理的影响

Pearson 相关系数结果表明，长三角非化石发电比重与该地区工业污染治理投资占财政支出的比重存在显著的中等相关关系。绘制二者的散点图发现数据存在一个强影响点。为降低该异常值对回归拟合的影响，此处剔除该异常值后对工业污染治理投资占财政支出的比重（y，%）与非化石发电比重（x，%）的关系采用简单线性回归，得到回归方程 $y=3.46-0.275x$，线性回归结果见图 2-19。经诊断检验，非化石发电比重对工业污染治理投资占财政支出的比重的影响有统计学意义，F 值为 30.356，$p<0.001$，决定系数 R^2 值为 0.539，调整 R^2 为 0.521，说明该线性回归模型较好。标准化回归系数值为−0.734，非标准化回归系数值为−0.275，表明非化石发电占比每增加一个百分点，工业污染治理投资占财政支出的比重就会减少 0.275%。

从历年数据来看，长三角非化石发电比重从 1990 年的 6.15%上升到 2018 年的 12.48%，相应的工业污染治理投资占财政支出的比重从 2.69%降低至 0.38%。结合回归模型可知，发电结构的清洁化能在一定程度上解释工业污染治理投资占财政支出的比重的降低。发电结构清洁化有利于减少用电过程中非清洁电力比例高带来的环境污染，从而也会间接带来环境污染治理投入的下降。

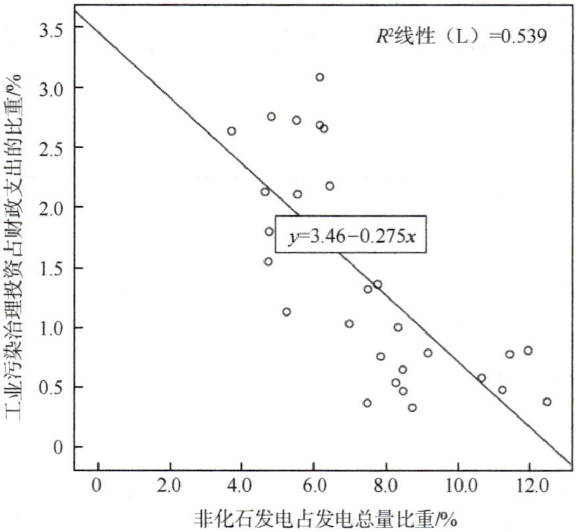

图 2-19　长三角工业污染治理投资占财政支出的比重与非化石发电比重的关系

三、小结

能源发展与经济社会、生态环境的关系复杂，三者之间往往是相互促进、相互制约的关系（图 2-20）。世界各地相关领域的研究者多年来持续关注并寻求量化三者间关系的最优解，从不同角度建立了多种不同的模型，对推动这一领域发展做出了重要的贡献。

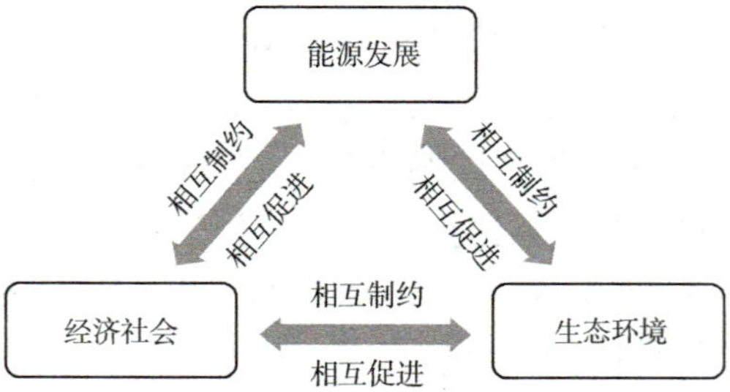

图 2-20　能源发展与经济社会和生态环境的关系

本章通过最基础的回归分析对长三角能源发展与经济社会和生态环境的关系进行初探，旨在从长三角能源发展、生态环境和经济发展的现状中寻找长三角的发展规律与特点。经分析讨论，长三角能源发展与经济社会和生态环境的关系有如下主要结论。

从人口规模对能源消费的影响可知，长三角地区人口总数每增加 1 万人，能源消费总量将增加 15.543 万吨标准煤，表明长三角人口增长在一定程度上拉动了能源消费增长，人口规模的进一步扩大会增大地区能源消费的需求。

从地区经济发展水平对能源消费的影响可知，人均地区生产总值每增加 1 元，能源消费总量将增加 0.766 万吨标准煤，表明长三角近 30 年人均地区生产总值的增长在一定程度上以能源消费总量的增加为驱动力，但能源消费弹性系数自 2005 年后波动下降。在能源“双控”的政策下，长三角能源消费总量的增长趋势会变缓，如何以低增长的能源消费来满足该地区经济的高质量发展，这是新形势下长三角地区面临的新挑战。

从地区经济发展水平对能源终端电气化程度的影响可知，长三角人均地区生产总值增加会在一定程度上带动电力消费比重的上升，表明地区经济水平的提高能在一定程度上加快终端电气化的提升速度。长三角当前终端电气化程度为 22.45%，较接近发达国家平均水平。随着技术的进步，长三角地区未来终端电气化程度还有一定的提升空间。

从发电结构清洁化对环境污染治理的影响可知，非化石发电占比每增加一个百分点，工业污染治理投资占财政支出的比重就会减少 0.275%，表明发电结构清洁化有利于减少用电过程中对环境造成的污染，从而也会间接带来环境污染治理投入的下降。

从产业结构对污染物排放的影响可知，第二产业比重每下降一个百分点，SO_2 排放量就会减少 18.616 万吨，表明第二产业比重的变化可在很大程度上解释该地区 SO_2 排放的变化。为实现产业结构的不断优化，长三角各地区应在控制工业内部高能耗、高污染产业发展的同时，加大高污染企业节能减排的力度，加大清洁生产行业的要素投入。

从经济发展对污染物排放的影响可知，人均地区生产总值的增加可在一定程度上解释 SO_2 排放的减少。事实上，污染物排放与经济增长之间存在倒“U”形的关系，长三角 SO_2 排放与人均地区生产总值的最优曲线拟合结果也表明二者间的关系符合环境污染与经济增长之间的环境库兹涅茨理论。长三角地区人均地区生产总值低于 3 万元时，SO_2 排放随着收入的增加而增大，在无其他因素干扰的情况下，长三角人均地区生产总值超过拐点 3 万元时，经济增长可促进该地区环境治理。

综上，长三角能源发展与经济社会、生态环境之间存在紧密的联系。展望未来，长三角地区在发展经济的同时，须重视能源总量的控制，加大对污染的治理力度，提高非化石能源在能源结构中的比例。

第三章　长三角未来能源需求预测

未来几十年，我国能源发展将进入从总量扩张向提质增效转变的新阶段。能源革命的推进，是一项长期战略任务，也是一项复杂的系统工程。目前，我国人均能源资源保有量较低，煤炭和水力资源总量虽然丰富，但人均拥有量也仅相当于世界平均水平的 50%。已探明石油、天然气资源储量相对不足，水能资源分布极不均衡且开发难度较大，以煤为主的能源结构仍较难改变。我国在工业化和现代化建设进程中，随着汽车、房地产需求增长及制造业等工业的持续发展，能源消耗及温室气体排放水平在较长时间内仍很难显著下降。

在此形势下，长三角三省一市能源发展亦面临诸多挑战。长三角三省一市经济规模较大，能源资源禀赋少，能源结构比较单一，清洁能源利用量少，环境承载能力弱，人均用能基数高，能源相关配套政策没有较好地与能源发展形成良性的互动。此外，长三角地区能源利用暴露出来的问题不仅在于以煤为主的能源消费结构所引起的高排放，还有能源利用效率低带来的高能耗、因资源受限而引起的低清洁能源比例和发展潜力及能源对外依赖程度高等。在严格的“双控”要求下，随着经济规模不断扩大和资源约束日益趋紧，方式粗放、利用效率低的能源发展模式难以为继。

为此，本章以能源需求预测为基本目标，结合长三角三省一市的经济发展状况、能源资源、供需特点、产业结构组成、用能技术发展、能源消费方式等特点，建立模型来分析不同发展情景下长三角的能源需求，同时考虑碳排放等环境约束下的能源需求规模，从而为如何实现长三角地区在能源革命推动下的清洁、高效、低碳发展提供数据支持及政策建议。

第一节　研究方法与数据来源

一、研究方法

本章在长三角历年能源供需的基础上，结合该地区经济发展状况、能源资源及供需特点、产业结构组成、用能技术发展、能源消费方式等，建立自下而上的能源系统模型对长三角未来能源需求和碳排放进行预测。该模型是通过数学建模来模拟各情景，在输入各终端用能设备的活动水平、能源强度、污染物排放因子等数据及确立相关基本参数后，可对不同情景下任意部门的能源需求、能源消费、能源政策、能源成本、能源环境以及温室气体排放量等进行评估与预测。

预测长三角地区未来能源需求时，是对上海、江苏、浙江、安徽四省市的能源需求与碳排放进行分省市预测，综合得到长三角地区的能源需求与碳排放结果。各省市的能源需求总量是终端部门能源需求量、（输送）损失量、加工转化损失三者之和。其中，终端部门分为农业、工业、建筑业、交通运输业、商业、其他第三产业和生活消费七个部门。各部门的能源需求根据不同部门的能源消费结构和单位活动水平能耗强度等指标进行预测，同时考虑到地区生产总值发展水平、产业结构、行业结构的影响。（输送）损失量主要包括电力、热力、天然气的输送损失等。加工转化投入产出量主要指的是火力发电过程、供热过程等的投入产出量。碳排放则根据各省市的化石能源需求、相应化石能源的碳排放因子进行计算。

二、数据来源与主要参数假设

模型以 2015 年为基准年，并结合 2016 年、2017 年的实际数据，预测长三角地区 2020～2050 年的能源需求及碳排放，同时对 2020 年、2035 年等关键时间节点进行详细分析。所用的关键参数来源于国家、省市级的各类统计年鉴、发展规划、行业统计数据、行业专项规划以及课题研究过程中实地调研的相关数据等[37-43]。

（一）经济社会发展相关参数

一般而言，能源需求的高低与人口的增长和经济发展密切相关，能源需求的分析是在一定的人口增长与经济发展的假定条件下形成的。因此，本章在预测长三角各省市能源需求和碳排放时，考虑的宏观因素主要包括人口、地区生产总值增速、产业结构变化和行业结构变化等。

1. 人口增长

《上海市城市总体规划（2017—2035 年）》指出，到 2035 年，上海市常住人口控制在 2500 万人左右①；《江苏省人口发展“十三五”规划》指出，到 2020 年

①《国务院关于上海市城市总体规划的批复》，http://www.gov.cn/zhengce/content/2017-12/25/content_5250134.htm [2017-12-25]。

末，全省常住人口达 8200 万人左右①；《浙江省人口发展“十三五”规划》指出，预计“十三五”期间全省常住人口将增加 211 万左右，到 2020 年末，达到 5750 万人②；《安徽省人口发展“十三五”规划》指出，到 2020 年常住人口 6400 万人左右，“十三五”时期常住人口年均自然增长率 7.8‰左右③。结合上述规划及相关研究[44]，以及户籍总人口数和常住人口总数之间的关系，长三角地区未来人口增长如表 3-1 所示。

表 3-1　常住人口增长情况　　单位：万人

省市	2015 年	2020 年	2025 年	2030 年	2035 年	2040 年	2045 年	2050 年
上海	2415	2443	2472	2500	2500	2500	2491	2483
江苏	7976	8200	8290	8380	8380	8380	8352	8323
浙江	5539	5750	5813	5876	5876	5876	5856	5836
安徽	6144	6400	6467	6533	6533	6533	6511	6489

2. 经济发展

党的十九大报告向全世界描绘了中国建设社会主义现代化强国的宏伟蓝图，在有效劳动供给不断提高、大国优势进一步发挥的背景下，中国经济依旧具有较高的中长期增长潜力。2015 年、2016 年国内生产总值增速分别为 6.90%和 6.70%，继续保持着较高的增长水平。党的十九大报告划分了两个“十五年目标”：2020 年至 2035 年为第一个“十五年目标”阶段，其描述性定义为“基本实现社会主义现代化”；2035 年到 21 世纪中叶为第二个“十五年目标”阶段，目标是“建成社会主义现代化强国”。清华大学中国与世界经济研究中心发布的《2017 年第四季度中国宏观经济分析与预测：十九大后的中国经济 2018、2035、2050》，将处于不同发展水平的国家划分为“低收入国家”、“中低收入国家”、“中高收入国家”和“高收入国家”四个阶段，通过国际比较的方法，对两个“十五年目标”加以探讨。其预测中国经济若在 2017～2025 年保持年均 6%的增速、2026～2035 年保持年均 4%的增速、2036～2050 年保持年均 3%的增速，到 21 世纪中叶将全面实现十九大报告中的宏伟目标[45]。

在全国经济较快增长基准上，三省一市具有不同的经济发展特色。未来经济发展仍将受到政策、外部环境等不确定因素影响，增速将趋缓。但在国家整体保

①《江苏省政府办公厅关于印发江苏省人口发展“十三五”规划的通知》，http://www.jiangsu.gov.cn/art/2017/1/22/art_46451_2557681.html [2017-01-22]。

②《浙江省卫生计生委关于印发浙江省人口健康信息化建设发展“十三五”规划的通知》，https://wsjkw.zj.gov.cn/art/2017/2/16/art_1229123417_465041.html [2017-02-16]。

③《安徽省发布人口发展“十三五”规划》，http://www.gov.cn/xinwen/2017-06/27/content_5205889.htm [2017-06-27]。

持较快增长和内需显著增加的背景下，各省市经济增速将仍保持较高水平。为预测三省一市地区生产总值增速，用2015～2016年各省市地区生产总值和国内生产总值的增长率进行回归模拟，从而推算三省一市地区生产总值增长贡献率。在以上述全国地区生产总值增速基准上，进一步得出未来三省一市地区生产总值增长率，如表3-2所示。其中，2015～2016年为实际统计数据，2017～2050年为预测数据。根据以上地区生产总值增速预测数据，得到三省一市关键时间节点地区生产总值（表3-3）。

表3-2 地区生产总值增长速度

项目	2015年实际值	2016年实际值	2017～2025年	2026～2035年	2036～2050年
全国	6.90%	6.70%	6.00%	4.00%	3.00%
上海	6.90%	6.90%	5.07%	3.38%	2.54%
江苏	8.50%	7.80%	6.62%	4.41%	3.31%
浙江	8.00%	7.60%	5.49%	3.66%	2.75%
安徽	8.70%	8.70%	6.59%	4.39%	3.29%

表3-3 长三角地区生产总值 单位：亿元

省市	2015年	2020年	2025年	2030年	2035年	2040年	2045年	2050年
上海	25 123	33 305	42 654	50 371	59 485	67 421	76 416	86 612
江苏	70 116	99 388	136 911	169 887	210 806	248 056	291 889	343 467
浙江	42 886	58 511	76 450	91 515	109 548	125 444	143 646	164 491
安徽	22 006	31 487	43 319	53 706	66 584	78 298	92 074	108 272

注：以2015年价计

3. 产业结构

长三角三省一市至2050年产业结构依照全国产业结构规划与各省市发展特色进行预测。全国产业结构情景参考国家发改委能源研究所发布的《中国2050年低碳发展之路——能源需求暨碳放情景分析》中的主要情景假设[44]，并以2015～2016年各省市实际产业结构与全国产业结构回归模拟，计算出三省一市产业结构的历史权重变化规律，以时间序列预测至2050年关键时间节点的产业结构变化。此处列举江苏的产业结构作为示例，见表3-4。

表3-4 江苏省关键时间节点产业结构

行业	2015年	2020年	2025年	2030年	2035年	2040年	2045年	2050年
农业	6.00%	5.22%	5.17%	4.29%	3.41%	2.99%	2.57%	2.15%
工业	39.93%	37.46%	35.23%	33.95%	32.67%	31.73%	30.80%	29.82%
建筑业	5.78%	4.96%	4.47%	4.30%	4.14%	4.02%	3.91%	3.78%
第三产业	48.28%	52.35%	55.13%	57.46%	59.78%	61.25%	62.73%	64.25%

4. 第三产业中的行业结构

三省一市产业结构发展趋势显示，农业、工业和建筑业占地区生产总值比重均持续降低；第三产业均为地区生产总值贡献最高产业，其地区生产总值占比持续升高，至 2035 年三省一市均将超过 50%。在此，将第三产业划分为交通运输业、商业与其他第三产业，考察各行业在第三产业中的占比变化。以上海市为例，参考相关研究，预测得到上海市第三产业各行业生产总值占比[46]，如表 3-5 所示。再以其他省市历史数据协同上海的数据进行回归计算，得到各省市交通运输业、商业及其他第三产业在第三产业中的比例。

表 3-5　上海市关键时间节点第三产业中的行业结构

行业	2015 年	2020 年	2025 年	2030 年	2035 年	2040 年	2045 年	2050 年
第三产业中交通运输业比例	6.67%	6.10%	6.00%	5.90%	5.80%	5.70%	5.60%	5.50%
第三产业中商业比例	24.71%	20.90%	19.40%	17.90%	17.05%	16.20%	15.75%	15.30%
第三产业中其他第三产业比例	68.62%	73.00%	74.60%	76.20%	77.15%	78.10%	78.65%	79.20%

（二）各终端部门相关参数

各产业行业的终端能源需求总量均以行业活动水平及单位活动水平的能耗衡量。随着经济的持续增长与产业结构的不断调整，各行业活动水平将以各省市规划为目标变化。而能源利用效率的提高体现在单位活动水平能耗的降低。下面以传统发展模式下工业、建筑业和生活消费部门为例说明终端部门能源强度设置原理，其他部门能源强度设置同理。

1. 工业能源消费

《上海市工业绿色发展“十三五”规划》指出，规模以上工业单位增加值能耗下降 15%左右①；《江苏省“十三五”工业绿色发展规划》指出，规模以上工业单位增加值能耗比 2015 年下降 18%②；《浙江省节能“十三五”规划》指出，力争到 2020 年，规模以上工业单位增加值能耗比 2015 年下降 20%③；《安徽省“十三

① 《市经济信息化委关于印发〈上海市工业绿色发展“十三五”规划〉的通知》，http://www.shanghai.gov.cn/nw22403/20200820/0001-22403_51513.html [2017-03-07]。

② 《关于印发〈江苏省“十三五”工业绿色发展规划〉的通知》，http://gxt.jiangsu.gov.cn/art/2016/10/14/art_6278_3009308.html [2016-10-14]。

③ 《省发展改革委省经信委关于印发浙江省节能“十三五”规划的通知》，http://fzggw.zj.gov.cn/art/2016/11/1/art_1599544_30219053.html [2016-11-01]。

五”工业绿色发展规划》指出，2015～2020年全省规模以上单位工业增加值能耗比2015年下降18%①。本书在以上规划基准上，参考常征和潘克西[46]等对于上海市未来工业单位生产总值能耗下降速度的设置，得到各主要年份长三角地区三省一市工业单位生产总值能耗量下降速度，见表3-6。

表3-6　传统发展模式下工业能源强度　　单位：吨标准煤/万元

省市	2015年	2020年	2025年	2030年	2035年	2040年	2045年	2050年
上海	0.675	0.573	0.506	0.466	0.447	0.440	0.437	0.437
江苏	0.594	0.485	0.417	0.377	0.359	0.352	0.350	0.349
浙江	0.498	0.392	0.331	0.294	0.274	0.265	0.262	0.262
安徽	0.724	0.592	0.509	0.460	0.437	0.429	0.426	0.426

2. 建筑业能源消费

《上海市建筑行业转型发展“十三五”规划》指出，“十三五”期间，建筑行业节能减排工作取得明显进展，建筑施工每万元增加值能耗下降10%[47]。综合考虑长三角地区的建筑业产业增长值、建筑业单位生产总值能耗历史发展变化趋势以及三省一市的产业禀赋等因素，长三角地区建筑业能耗参数如表3-7所示。

表3-7　传统发展模式下建筑业能源强度　　单位：吨标准煤/万元

省市	2015年	2020年	2025年	2030年	2035年	2040年	2045年	2050年
上海	0.184	0.173	0.166	0.159	0.155	0.151	0.149	0.148
江苏	0.072	0.067	0.064	0.061	0.059	0.057	0.056	0.055
浙江	0.134	0.124	0.118	0.112	0.108	0.104	0.102	0.100
安徽	0.098	0.091	0.087	0.083	0.080	0.077	0.076	0.075

3. 生活消费部门能源消费

生活消费能源需求总量与人口增长、经济增长明显呈正相关，在经济不断增长的同时，更需要引导生活消费模式，合理约束人口。根据各省市人均生活消费历史变化趋势，长三角地区各省市人均生活能耗参数如表3-8所示。

表3-8　传统发展模式下生活消费部门能源强度　　单位：吨标准煤/人

省市	2015年	2020年	2025年	2030年	2035年	2040年	2045年	2050年
上海	0.374	0.463	0.543	0.623	0.691	0.759	0.799	0.838
江苏	0.196	0.255	0.311	0.369	0.420	0.473	0.505	0.537

①《关于印发〈安徽省“十三五”工业绿色发展规划〉的通知》，http://jx.ah.gov.cn/public/6991/145421201.html [2017-02-13]。

续表

省市	2015 年	2020 年	2025 年	2030 年	2035 年	2040 年	2045 年	2050 年
浙江	0.271	0.351	0.426	0.503	0.571	0.641	0.682	0.724
安徽	0.174	0.234	0.291	0.351	0.406	0.463	0.497	0.532

（三）能源加工转化输送部门的参数设置

根据长三角各省市相关能源规划、资源禀赋、地理特征，本章对能源加工转换部门做了相应的分析预测。此处以发电效率为例介绍参数设置过程。未来，长三角地区发电部门将逐步淘汰老旧燃煤厂，中长期改善燃煤发电技术，远期则降低发电过程内部损失，广泛使用超临界、超超临界以及整体煤气化联合循环发电（integrated gasification combined cycle，IGCC）技术。《上海能源发展“十三五”规划》指出，到 2020 年，火电供电标准煤耗预期达到 296 克标准煤/千瓦时①；《江苏省“十三五”能源发展规划》指出，2020 年煤电机组供电煤耗下降到 295 克/千瓦时，热电联产机组热电比稳步提高②；《浙江省节能“十三五”规划》指出，力争到 2020 年，火电厂平均供电标准煤耗由“十二五”末的 298 克/千瓦时，下降至 290 克/千瓦时③；《安徽省“十三五”节能减排实施方案》指出，到 2020 年，火电供电煤耗达到 299 克标准煤/千瓦时④。由此供电煤耗数据，结合各省市的平均输配电损失，可推算出各省市关键时间点的发电煤耗。结合相关规划信息，传统发展模式下长三角地区发电效率如表 3-9 所示。

表 3-9 传统发展模式下发电效率

省市	2015 年	2020 年	2025 年	2030 年	2035 年	2040 年	2045 年	2050 年
上海	41.0%	41.5%	42.6%	43.8%	45.1%	45.9%	46.7%	47.6%
江苏	41.0%	41.7%	42.8%	43.9%	45.2%	46.0%	46.8%	47.7%
浙江	41.2%	42.3%	43.4%	44.5%	45.7%	46.5%	47.4%	48.3%
安徽	40.8%	41.1%	42.3%	43.5%	44.8%	45.6%	46.4%	47.3%

长三角各省市能源结构数据的设定是在搜集各省市能源发展规划、各类行业

①《上海市人民政府关于印发〈上海市能源发展“十三五”规划〉的通知》，http://fgw.sh.gov.cn/zcjgg/20170605/0025-27661.html [2017-06-05]。

②《江苏省政府办公厅关于印发江苏省“十三五”能源发展规划的通知》，http://www.jiangsu.gov.cn/art/ 2017/5/22/art_46484_2557495.html [2017-05-22]。

③《省发展改革委省经信委关于印发浙江省节能“十三五”规划的通知》，http://fzggw.zj.gov.cn/art/ 2016/11/1/art_ 1620990_35416280.html [2016-11-01]。

④《安徽省人民政府关于印发“十三五”节能减排实施方案的通知》，http://www.huainan.gov.cn/public/118322809/257976877.html [2017-08-23]。

分析报告等资料的基础上，对各省市政府相关部门、能源企业等行业专家进行咨询，综合研判得到各省市关键时间点的能源结构。七大终端部门的能源消费结构也参照类似方式进行设定①②③。

第二节　长三角未来能源需求分析

一、能源需求总量与结构

长三角各省市在极力突破自身的发展极限，寻求更匹配现代经济体系的能源发展之路。为此，此处设定长三角能源需求的传统发展模式为长三角延续当前的发展方式。这种情景下区域人口按各省市相关规划发展，地区生产总值在全国实现“两个一百年”目标经济增长背景下发展，产业及行业结构有小幅转变，采取一定的节能减排政策措施，节能减排技术突破不明显，能源效率有一定提高等。以上述假设为基础，预测得到长三角地区能源需求总量及能源需求结构如图 3-1 和图 3-2 所示。

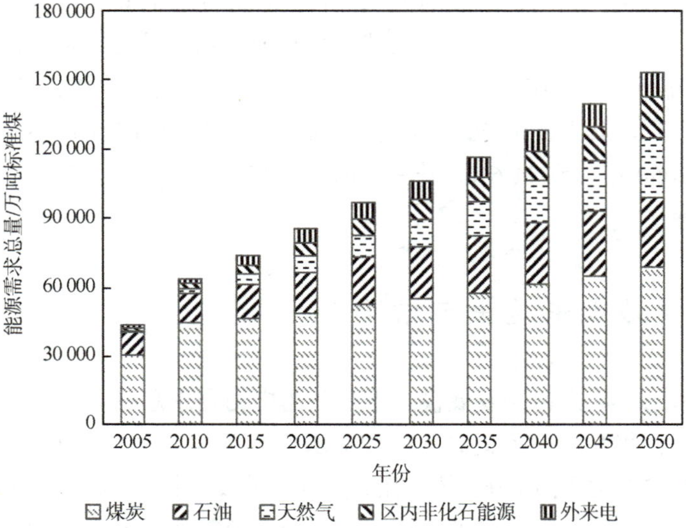

图 3-1　传统发展模式下长三角地区能源需求总量

① 《市经济信息化委关于印发〈上海市工业绿色发展“十三五”规划〉的通知》，http://www.shanghai.gov.cn/nw22403/20200820/0001-22403_51513.html [2017-03-07]。

② 《副市长时光辉出席市政府新闻发布会介绍〈上海市城市总体规划（2017—2035 年）〉相关情况》，http://www.shanghai.gov.cn/nw44138/20200824/0001-44138_1352925.html [2018-01-04]。

③ 《上海市人民政府关于印发〈上海市节能和应对气候变化“十三五”规划〉的通知》，http://www.shanghai.gov.cn/nw41430/20200823/0001-41430_51762.html [2017-03-30]。

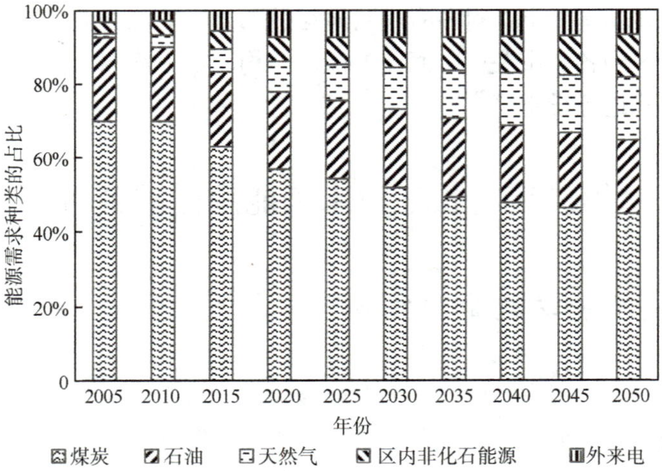

图 3-2　传统发展模式下长三角地区能源需求结构

传统发展模式下，未来长三角能源需求总量从 2015 年的 7.4 亿吨标准煤增加到 2020 年的 8.5 亿吨标准煤，2035 年达 11.6 亿吨标准煤，2050 年到 15.3 亿吨标准煤，能源需求总量几乎翻一番。从能源需求结构看，煤炭消费量增长放缓，但煤炭在能源需求结构中仍占主要地位，其占比从 2015 年的 63.0%缓慢下降至 2035 年的 49.3%，2050 年降至 44.9%；天然气增长速度快，其占比从 2015 年的 6.2%增至 2020 年的 8.3%，2035 年提高至 12.8%，2050 年达到 17.0%；区内非化石能源占比持续上升，其占比从 2015 年的 4.9%，提高到 2020 年的 6.6%，再到 2035 年的 9.1%，2050 年达到 11.6%。长三角所需外来电所占比例虽然变化不大，但是总量会不断增加。

二、电力需求总量与结构

图 3-3 和图 3-4 为传统发展模式下长三角电力需求总量和本地自发电结构。随着终端电气化水平的不断提高，电力需求总量持续上升，2020 年达到 12 520 亿千瓦时，2035 年达到 18 765 亿千瓦时，2050 年达到 26 968 亿千瓦时。考虑到安徽的自发电中除了满足自用外还可提供给长三角其他省市，因此，长三角未来仍然以自发电为主。相应的外来电量从 2015 年的 1395 亿千瓦时增加到 2020 年的 1621 亿千瓦时，2035 年增加到 2811 亿千瓦时，2050 年将达到 3774 亿千瓦时。在本地自发电中，2035 年，长三角自发煤电占比下降至 72.6%，天然气发电 8.1%，核电以及可再生能源发电占比合计 19.3%；2050 年，长三角自发煤电比例下降至 65.2%，天然气发电 11%，核电以及可再生能源发电占比合计 23.9%。风电、水电等可再生能源电力以及核电合计占比在 2020 年、2035 年、2050 年分别达到 13.2%、

19.3%和23.9%。

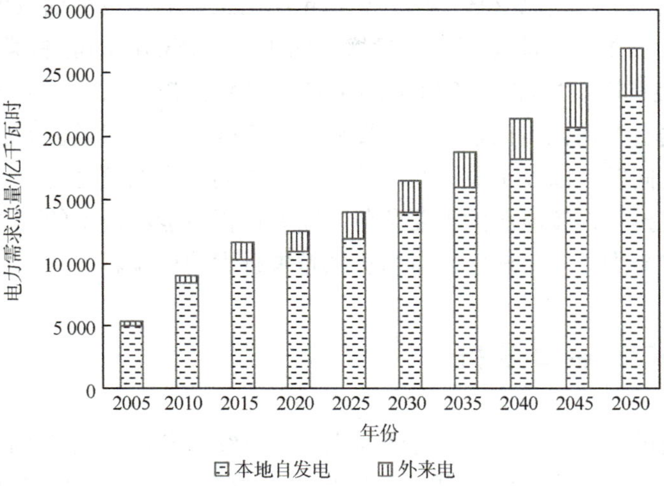

图3-3　传统发展模式下长三角地区电力需求总量

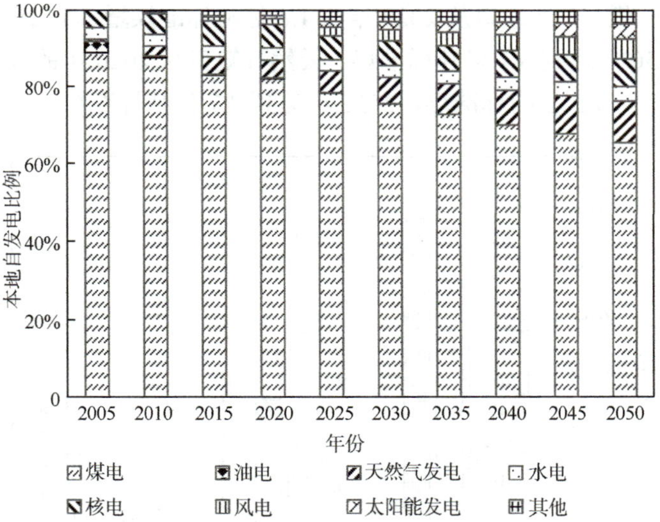

图3-4　传统发展模式下长三角地区本地自发电结构

三、能源需求分解

对长三角地区2035年和2050年的能流图进行分析可知：长三角地区未来能源需求增长趋势难以逆转，交通运输业和生活消费将逐渐成为暨工业后未来能源需求和碳排放的主要贡献者之一；未来长三角地区电力需求将明显上升，电气化、规模化效应将进一步凸显。长三角未来能源需求持续增长的驱动力仍然是工业部门，其次是交通运输部门以及生活消费。煤炭主要流向发电以及工业，石油则以交通运输消耗为主。相比 2035 年，2050 年流向工业的煤炭小幅减少。交通运输部门是未来长三角地区能源消费总量增加的主力。该部门的能源消费量从 2035 年的 1.38 亿吨标准煤增加到 2050 年的 1.87 亿吨标准煤。长三角地区四省市中上海的交通运输石油消耗占比较高，主要原因是未来上海将建设世界级航运中心。天然气主要流向发电以及工业。在可再生能源成为主力电源之前，天然气将在未来 5～10 年中扮演过渡能源的重要角色。随着可再生能源技术的突破，未来可再生能源电力将会为长三角地区的电力贡献越来越大的份额。

四、能源缺口分析

传统发展模式下，长三角的能源需求总量持续攀升，由此带来能源供需缺口的进一步拉大，使得能源保供面临更大压力。如图 3-5 所示，2020 年，长三角煤炭缺口约 3.8 亿吨标准煤，2035 年增加到 4.7 亿吨标准煤，2050 年将进一步拉大到 5.8 亿吨标准煤。石油缺口从 2020 年的 1.8 亿吨标准煤增加到 2035 年的 2.5 亿吨标准煤，2050 年达到 3.1 亿吨标准煤。天然气缺口从 2020 年的 0.7 亿吨标准煤增加到 2035 年的 1.5 亿吨标准煤，2050 年达到 2.7 亿吨标准煤。

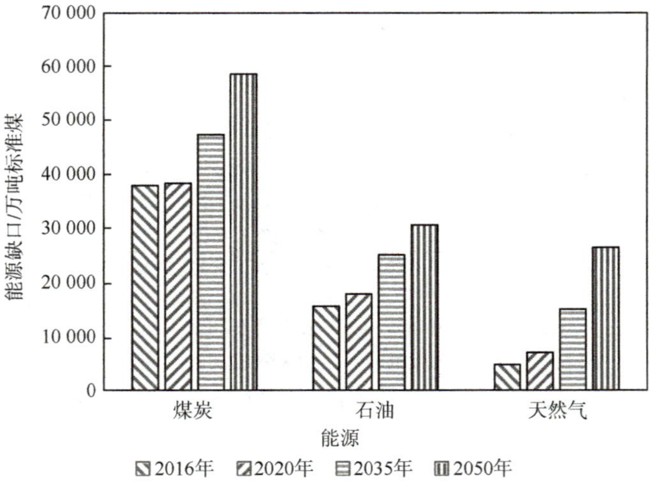

图 3-5　传统发展模式下长三角能源供需缺口

五、碳排放分析

长三角能源消费需求的加大也带来了碳排放量的持续增加，但单位地区生产总值碳排放会随着经济的快速发展而持续下降。如图 3-6 所示，长三角碳排放总量从 2015 年的 16.8 亿吨 CO_2 增加到 2020 年的 18.1 亿吨 CO_2，2035 年为 23.3 亿吨 CO_2，2050 年增加到 29.4 亿吨 CO_2，与 2020 年相比增幅超过 62%。传统发展模式下，2030 年长三角单位地区生产总值碳排放较 2005 年下降约 60%，基本完成我国政府所承诺的单位国内生产总值二氧化碳排放比 2005 年下降 60%～65% 的目标；但难以达到《能源生产和消费革命战略（2016-2030）》中提出的长三角地区碳排放在 2030 年前率先达峰的要求。

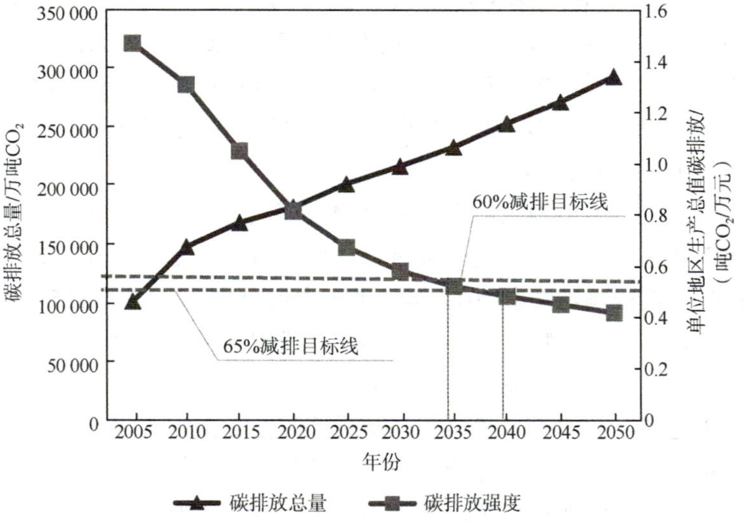

图 3-6　传统发展模式下长三角碳排放

综上可知，依照传统模式发展，长三角依然面临能源发展的若干问题。一是能源需求总量持续增加，加上本地能源供应能力有限，对外依存的程度将进一步加大；二是碳排放总量将继续上升，一些高能耗行业面临的碳排放压力增大，整体上难以实现长三角碳排放在 2030 年率先达峰的要求。因此，长三角亟须通过能源革命在保障能源安全供给的前提下优化该地区的能源结构，不仅要通过技术进步提升长三角地区的能源利用效率，还要通过能源管理体制机制创新推动能源利用新模式的良好发展。

第三节　长三角地区能源领域突出问题

基于当前长三角地区能源系统运行特点，结合传统发展模式下长三角能源需求预测，长三角地区在能源领域所面临的突出问题和主要矛盾表现为：由于地区能源需求总量攀升造成的能源缺口将继续扩大，能源保供面临巨大压力，不少基础设施有待完善、电力峰谷差逐年增大、非化石能源占比过低、“双控”压力仍然很大。同时，为了更好地服务于长三角地区一体化战略，在能源领域的体制机制、能源市场方面也尚待进一步完善。

（1）长三角地区能源需求总量攀升，能源缺口继续扩大，能源保供面临巨大压力。

由于长三角地区能源需求总量大，加上本地能源产量的不足，长三角的能源需求高度依赖外部资源调入。按照传统发展模式的预测结果，长三角能源需求总量将从 2017 年的 7.7 亿吨标准煤增加到 2035 年的 11.6 亿吨标准煤，到了 2050 年将增至 15.3 亿吨标准煤。受本地化石能源产能限制，长三角地区的对外能源依赖程度将继续加大，由此产生的能源供需缺口将进一步拉大。经初步测算，2035 年长三角地区煤炭、石油、天然气的缺口将分别达到 4.7 亿吨标准煤、2.5 亿吨标准煤和 1.5 亿吨标准煤。

目前，长三角本地电力生产主要依靠国内煤炭资源，煤炭供应有一定保障，石油和天然气几乎全依靠外部调入或进口，除安徽外，上海、江苏、浙江三省市对外来电都有一定依赖，其中 2017 年外来电占比分别为 43.3%、15.9%和 21.0%。外来电供应主要依靠几条特高压输电线路，一旦出现故障将会波及整个地区。

（2）不少基础设施有待完善，尚不能实现互联互通。

长三角在电网、石油、天然气等基础设施以及石油、天然气储备设施方面还有待进一步完善。未来应着重完善电网和天然气管网的互联互通以及储备点选址等基础设施建设，以实现长三角地区电力及天然气等主要能源品种的互济互保和安全经济调度。

基础设施互联互通建设需要高度统筹规划和总体布局，长三角地区可以共建共享，同时避免低水平的重复投资建设。就目前而言，长三角三省一市的油气基础设施仍然处于各自为战的情形，区域联络线的数量仍然偏少，在单个区域出现紧急情况时很难从其他地区调度能源解决问题，能源系统的抗冲击能力不够强。

（3）电力峰谷差逐年增大，尚未形成有效的市场化调峰机制。

长三角地区电力峰谷差问题突出，面临巨大的调节压力，巨大的峰谷差对电网的安全运行造成了极大影响，电力负荷的季节性变化十分明显。如图 3-7 所示，2017 年上海最大峰谷差为 1306 万千瓦，最大峰谷差率为 40%；江苏最大峰谷差约 2500 万千瓦，最大峰谷差率为 24.2%；浙江最大峰谷差为 2593 万千瓦，最大峰谷差率为 40.7%。2020 年安徽最高用电负荷达 4309 万千瓦，较 2019 年最高负荷（4294 万千瓦，发生在 7 月 29 日）增长 15 万千瓦，创历史新高①。

由于尚未形成有效的市场化调峰机制，通常电力负荷调节由火电完成，从而

① 《全省最大用电负荷首创新高》，http://fzggw.ah.gov.cn/jgsz/wgdw/snyj/ahnygz/143273971.html [2020-08-05]。

对火力发电企业运行安全和经济效益造成很大影响。电力负荷调整是一个涉及发电侧和需求侧的系统工程，未来应从技术调节手段和市场机制两方面共同发力。

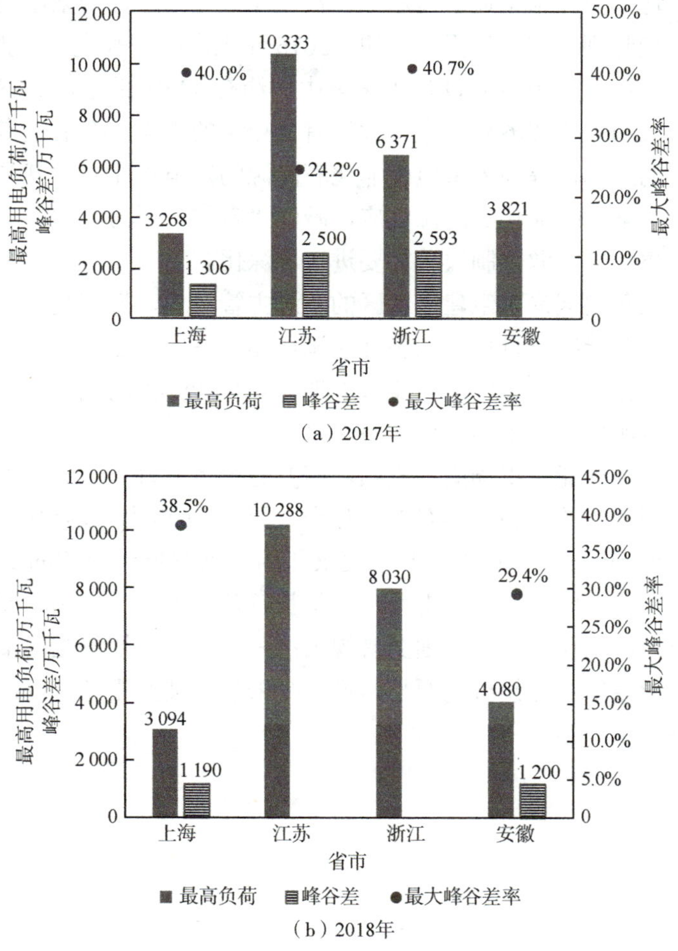

图 3-7 2017～2018 年长三角最高用电负荷与最大峰谷差率

（4）非化石能源占比过低，能源结构调整任务艰巨，“双控”压力仍然很大。

近几年，长三角地区风电、光伏等可再生能源发展迅速，但由于该地区能源消费总量大，可再生能源在能源消费结构中的比例仍偏低。目前长三角地区火力发电占比仍高达 90%，其中煤电占比超过 78%，煤电依然是长三角电力结构中的主力。按照传统发展测算，2035 年长三角地区本地非化石能源占比将从 2015 年的 4.9%提高至 2035 年的 9.1%，2050 年将会达到 11.6%，难以完成国家提出的非化石能源发展目标。因此未来 30 年内化石能源仍会在本地区的能源结构中占有重要地位。对照国家提出的非化石能源发展目标，未来 15 年甚至 30 年内，长三角地区的能源结构调整任务将十分艰巨。

另外，为了缓解本地区发电资源不足的问题，通常采用从区外购入电力的方式加以解决。这部分外来电通常以水电、核电及火电为主，外来电的结构对当地能源结构优化能起到一定的作用。例如，2016 年上海的外来电中，大约有 60.3%的水电、7.2%的核电；2018 年浙江外来电中大约有 32.9%的水电、28.0%的核电、36.9%的煤电；2017 年江苏外来电中大约有 43.8%的水电。今后重点应放在进一步优化外来电的结构，提高外来电中非化石能源的发电占比，尤其是今后的外来电增量部分应全部安排非化石能源供应，减轻“双控”压力。

（5）长三角地区能源体制改革需要进一步深化。

目前，长三角地区尚未组建该地区的能源主管机构，没有统一制订长三角地区的能源规划和节能减排目标，在制订能源规划、完成节能减排目标等过程中还是各自为政，使得长三角地区现行能源管理体制与能源市场化发展要求之间的矛盾愈发显现，能源体制改革亟须进一步深化。

（6）长三角地区能源市场尚不成熟，需要进一步培育。

长三角地区面临的问题主要有以下几个方面：一是电力市场化交易规模偏低，如 2017 年上海全市发用电计划放开幅度仅 10%，明显低于全国的 26%，电价形成机制及资源配置功能尚未交还市场；二是长三角电力现货市场进展缓慢且步调不同，尚未出台电力现货市场详细交易规则；三是长三角增量配网市场化改革进展缓慢；四是调峰辅助补偿机制面临两难，尚未启动辅助服务市场；五是能源价格政策需要进一步完善。

第四章 长三角地区能源革命——建设现代化能源大系统

作为国家战略，长三角实现一体化发展需要以高质量发展为引导。着力贯彻落实新发展理念，构建现代化经济体系，推进更高起点的深化改革和更高层次的对外开放，是推动长三角一体化发展的重要内容。能源是社会经济发展重要的物质基础和保障。现代化经济体系要有现代化能源系统作为支撑。长三角高质量一体化发展给长三角能源生产与消费提出了更高要求。第三章已揭示长三角能源系统存在诸多突出问题：能源缺口将继续扩大、不少基础设施有待完善、电力峰谷差逐年增大、非化石能源占比过低、“双控”压力仍然很大、能源市场尚不成熟、能源体制改革需要进一步深化等。这些矛盾不能用传统的、粗放的办法去解决。我们必须从现有能源系统全面的（不是局部的）、真实的（不是虚拟的）客观实际出发，以国家关于能源生产和消费革命的战略为指导，以长三角区域经济社会发展合理需求、科学供给满足合理需求的观念为依据，站在科学技术发展的前沿、遵循科学技术发展的方向，提出长三角能源系统改革的思路和对策，把党中央提出的能源四大革命和建设“互联网+”智慧能源的任务在长三角地区落到实处。

我们的核心思想是通过能源革命建设长三角现代化能源大系统，用现代化能源大系统支撑长三角现代化经济体系并推动长三角经济社会、科技文化的创新发展。

第一节 建设现代化能源大系统的必要性和可行性

建设现代化能源大系统是必要和可行的。

一方面，为推动国民经济高质量发展、实现生态环境保护、落实应对气候变化承诺，我国已明确提出能源“四个革命”，构建清洁低碳、安全高效的能源体系，以及建设“互联网+”智慧能源的任务。另一方面，在信息化、网络化、低碳化的大背景下，能源技术、能源系统不断进步。例如，可再生能源逐渐从辅助地位走向主流；分布式供能系统从寥寥可数到多点布局，微型能源系统（包括微电网）成为能源大系统中最活跃的细胞；各种能源子系统（如电力系统、天然气系统）内数字化、信息化、智能化的程度不断深化，可以说能源系统已为构建环境友好、多能协同、智能化日益成熟的现代化能源大系统做好了充分准备。这两方面结合，或者说“上下结合”，非常清晰地显示了能源大系统革命的必要性、可行性、迫切性，我们要借长三角区域一体化国家战略的东风，推动能源大系统的建设，而现代化能源大系统的革命成果一定会转化为正能量，促进经济繁荣、生活安康。

第二节　现代化能源大系统及其主要特征

图 4-1 是能源大系统的示意图。由图可见，能源大系统是一个庞大的复杂系统，它不但涉及各种能源资源（如煤炭、石油、风力、太阳能、海洋能等）的自然禀赋，还包括了大量的人类活动（如能源的开采、加工、运输、转化和利用等）以及这些活动对自然环境的影响。能源大系统可划分为能源供应侧和能源消费侧，能源供应侧包括一次能源采集（化石能源——天然气、石油、煤炭，可再生能源——生物质、风力、水力、海洋能、地热能、太阳能等，以及核能）、能源转化、能源传输（管道、铁路、公路、水路等）等环节，能源供应侧负责将能源资源通过采集、转化等形成社会需要的能源形式（包括煤、油、气、电、热等），然后再通过能源传输将形成的这些能源供应到能源消费侧，为人民生活、社会发展提供必要的物质基础。能源消费侧包含各式各样的能源消费用户，如大量的分散用户（如

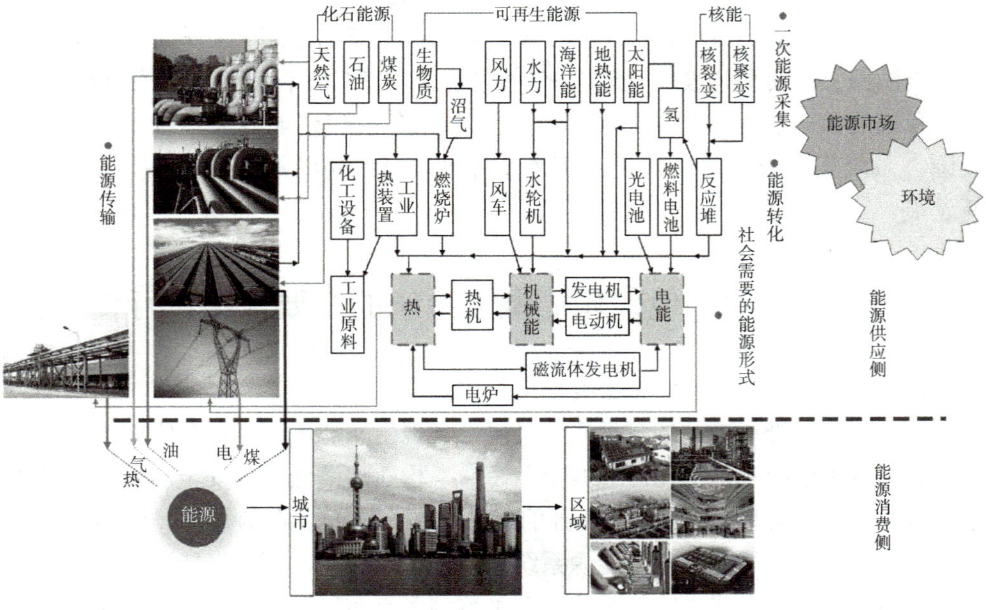

图 4-1　能源大系统示意图

普通居民用户、工商业用户等），也包含形形色色的微型能源系统（如天然气分布式供能等），结构十分复杂。此外，能源大系统的运行还离不开能源市场（能源交易）的推动，离不开能源管理体制的调控。同时，能源大系统的运行还必须考虑与生态环境的相互作用。

由此可见，能源大系统包括能源的采集、生产、加工、转换、运输、交易、分配、储存、使用以及环境保护等多个环节，而各个环节彼此制约，相互影响，形成了一个复杂的整体,这个复杂的大系统支撑着国民经济发展和人民生活需要。

那么，什么是现代化能源大系统？目前，业内对未来的能源系统有着种种称呼，包括现代能源体系、互联网能源、能源互联网、泛能网等。然而，我们认为许多名字并不能确切地反映能源系统的本质，不能揭示能源系统发展的方向。党的十九大报告提出的“清洁低碳、安全高效的能源体系”以及政府工作报告中提出的“‘互联网+’智慧能源”是最完整、最具时代性的提法，前者指明了能源革命的终极目标是建成清洁低碳、安全高效的能源系统，而后者则明确地指出：在当今时代要达到此目的必须要依靠信息互联网并充分利用大数据技术、人工智能技术，实现能源系统的智能化，我们将这样的能源大系统命名为现代化能源大系统。

现代化能源大系统的主要特征如下。

（1）一流的能源科技支撑，保证一流的能源采集效率、转化效率、输运效率、利用效率以及储能效率。

（2）一流的信息技术（含互联网技术）融入，实现能源流与信息流的深度融合。

（3）一流的环保科技应用，确保能源系统环境友好。

（4）一流的管理水平，确保“多能协同”“统一集中管理与分块优化调控相结合”。

（5）合理的能源结构，推进能源系统的绿色低碳转型。

（6）培育能源市场，促进能源生产、消费新方式的产生，推动能源资源的优化配置。

这样的能源大系统才是现代化的智慧能源大系统，是绿色、低碳、高效、安全的能源大系统。

第三节　长三角现代化能源大系统的建设

建设长三角现代化能源大系统，需要技术（含能源技术、环保技术、信息技术）支撑、体制保障和市场培育等三方面的共同努力，详述如下。

一、技术支撑

一直以来，长三角地区都是我国科技资源最为密集、科技实力最为雄厚的地区之一，本节我们将结合长三角地区能源系统的实际特点讨论如何利用各种技术实现对现代化能源大系统建设的支撑，特别是互联网技术、大数据技术和人工智能技术。

1. 能源技术支撑

1）能源采集方面

长三角地区化石能源资源禀赋并不丰富，仅有江苏、安徽拥有一定量的化石能源储量，区域内有安徽淮南煤矿、江苏油田等。长三角地区的能源采集应特别注重绿色高效和智能化开采，降低安全隐患以及矿区地表修复与重构。

2）能源转化方面

能源转化由多种多样的能源装备来实现，先进的能源装备是现代化能源大系统必不可少的物质基础。长三角地区能源装备制造业有深厚的基础和很大的发展潜力，关键在于突出重点、掌握核心技术。重点应是：清洁高效煤电、可再生能源发电、先进核电以及重型燃气轮机等能源装备的研发工作，近期应集中攻关 700 摄氏度超超临界燃煤发电关键技术，进一步提高 600 兆瓦及以上容量的超超临界二次再热燃煤高效发电机组的能效，提升关键高温部件的配套生产能力；提高高效、低成本、新型光伏电池的设计制造水平，包括开展碲化镉、铜铟镓硒薄膜、硅薄膜等太阳能电池关键组件的研发制造，钙钛矿、染料敏化电池等新型电池生产工艺的研发，着力提高效率和降低成本；研制具有自主知识产权的 10 兆瓦级及以上海上风电机组及轴承、控制系统、变流器、叶片等关键部件，促进海上风电资源的高效、大规模、可持续开发利用；在第三代压水堆技术全面处于国际领先水平基础上，推进快堆及先进模块化小型堆示范工程建设，发展超高温气冷堆、熔盐堆等新一代先进堆型关键技术设备材料的研发；开展燃气轮机整机试验，突破高温合金涡轮叶片和设计技术等燃气轮机产业发展瓶颈，全面实现 H 级燃气轮机关键材料与部件、试验、设计、制造及维修维护的自主化。

3）能源输运方面

重视传统能源网（电网、油气管网、煤炭物流网、热网）的改造升级。

（1）电网。建设适应大规模可再生能源接入的智能电网，加强配网建设，保证电网安全。

（2）油气管网。天然气管道交织成为“多维管网”是必然的发展趋势。尽管我国天然气管网互联互通已迈出坚实的步伐，但必须指出：在天然气管网调气灵活性增加的同时，管网的调运难度也将大幅增加，从能源输运技术上要加大对大型管网优化运行的研究力度，特别要加强信息技术、管网仿真技术在实践中的应用，建设智能化油气管网，保证我国天然气管网高效、平稳、节能运行。中石油油气管道基本实现了“设计数字化、施工机械化、物采电子化、管理信息化”，完成了从传统管道向数字管道的转变。长三角地区未来天然气管网建设方面，可采用新建管道项目的工程设计、施工以“全数字化移交、全生命周期管理、全智能化运营”为目标。此外，为进一步提高天然气管道输送能力，扩大管径、提高压力和提升钢级是未来天然气管道设计和建设的发展趋势，应注重超大输量天然气管道关键技术的可行性研究。

（3）煤炭物流。建设经济、高效、绿色、先进的现代煤炭物流体系。加快煤炭物流信息化建设，完善煤炭物流标准体系，发展先进煤炭物流装备技术，在主要煤运通道推广应用重载专用车辆及相关配套技术装备，采用节能环保技术。

4）能源储存方面

储能系统是支撑现代化能源大系统运行的重要组成部分，大容量储能技术将为间歇性清洁能源的并网提供解决方案。从应用场景来看，电力系统储能大致可分为电源侧、电网侧和用户侧。在电源侧，对于传统发电机组来说，通过并入储能系统可辅助改善发电机组自动发电控制性能，提高机组频率调节能力。在电网侧，储能系统通过直接并入电网侧对频率异常状态的主网进行干预控制，是电网频率稳定的有效控制手段。此外，随着波动性大、间歇性强的新能源电力大规模并网，输电侧大规模储能系统的应用还可以显著提高电网的接纳能力，有效提升线路输送容量。在用户侧，储能技术最容易实现的场景是基于峰谷电价差，利用储能产品“低充、高放”获取利润。建设长三角现代化能源大系统，推动能源革命，提升节能意识，需要大力发展储能技术。近年来，抽水蓄能作为系统级的调节手段，在长三角地区已有一定的发展规模。截至2019年，安徽、浙江等已建成抽水蓄能电站7座，规划和在建的超过13座，有望成为未来长三角地区不可或缺的电网调峰资源。从规模效应和利用率来看，电化学储能在电网侧和电源侧可以得到更加集中和规模化的利用，安全和可控性更强，国外也在此方面出台了大量激励政策，长三角地区也可借鉴国际经验。2018年7月，江苏镇江电网储能电站工程正式并网投入运营，该项目电网侧总功率为101兆瓦，总容量为202兆瓦时，是国内规模最大的电池储能电站项目，对分布式储能的探索实践具有示范作用。对于用户侧储能而言，未来随着分布式供能系统、可再生能源技术进步，储能系统应结合特定的应用场景来提升其经济性，如储能系统+充电桩模式。此外，不断推动燃料电池的技术创新，突破氢能利用，也是储能技术发展的重要方向。

5）能源消耗方面

在能源消耗方面，应推广节能产品，提高用能效率。

2. 环保技术支撑

建设现代化能源大系统在环保技术支撑下能大幅减少能源生产和利用各过程中的污染排放，提供更清洁的能源产品，加强能源伴生资源的综合利用，从而使能源大系统和生态环境系统友好共存。当前，长三角地区火电占比高达 90%，其中，煤电占比约 78.5%，这对燃煤电厂通过环保减排技术的集成应用和持续创新，有效降低污染物排放提出了更高要求。长三角地区是我国煤电机组超低排放改造的领先地区。上海外高桥第三发电厂 7、8 号 2×1000 兆瓦机组脱硫“超低排放”改造项目以最短工期、最小改造量、低于同期市场价格 15%的最优改造成本为上海外高桥第三发电厂打造了一套零能耗高效脱硫系统，该系统可根据机组负荷及燃煤含硫量的变化灵活调整运行方式，在其稳定运行的 2 年时间里，SO_2 排放值稳定在 15 毫克/标准米^3，最低值在 10 毫克/标准米^3 以下。上海外高桥第三发电厂脱硫工程已成为国内大型电厂脱硫超低排放改造的杰出范例。此外，通过脱硝技术改造，如催化剂延寿技术降低了催化剂的寿命损耗，令使用了五年的催化剂，脱硝效率稳定在 90%的水平。上海外高桥第三发电厂选择性催化还原系统平均氮氧化物排放浓度不仅低于 100 毫克/米^3 的国家标准，甚至低于燃气轮机 40～50 毫克/米^3 的排放水平。在低碳化方面，华能上海石洞口第二电厂建成的 10 万吨/年烟气 CO_2 捕集装置，开创了我国燃煤电厂实现 CO_2 捕集规模化生产的先河。因此，长三角燃煤电厂超低排放改造升级技术具有一定先发优势，要进一步推广这些环保技术的应用。

3. 信息技术（广义）支撑

如果说数据，包括数值数据和非数值数据，是对客观事物的性质、状态以及相互关系等进行记载的物理符号或是这些物理符号的组合，那么，信息就是数据经过加工处理后得到的另一种形式的数据，这种数据在某种程度上影响接收者的行为，具有客观性、主观性和有用性。数据和信息的关系则可理解为：信息是数据的含义，数据是信息的载体。信息技术是管理和处理信息所采用的各种技术的总称，广义的信息技术包括传感技术、计算机技术、通信技术、自动化技术、微电子技术、光电子技术、光导技术、大数据技术和人工智能技术等。

当今时代是第三次工业革命和第四次工业革命交叉重叠的时代，互联网、大数据、云计算和物联网等技术不断发展。习近平在 2018 年世界人工智能大会开幕的贺信中指出，“新一代人工智能正在全球范围内蓬勃兴起，为经济社会发展注入了新动能，正在深刻改变人们的生产生活方式”[①]。现代化能源大系统的建设必须得到信息技术的有力支撑才能深刻地反映时代特征，才能站在科技发展的风口浪尖，顺应科技发展所指引的方向，最终能在信息互联网和大数据技术、人工智能技术支持下，实现信息流和能源流的深度融合，从而达到对能源大系统的运行优化调度的目的，即能源大系统智能化（“互联网＋”智慧能源）的目的。

本小节重点揭示信息技术支撑中的三个重要问题，它们是：①现代化能源大系统所需的大数据技术；②现代化能源大系统所需的人工智能技术；③现代化能源大系统的各级能源信息管理中心。

1）现代化能源大系统所需的大数据技术

我们认为，能源大系统所需的大数据技术包括：①监控大数据建模技术；②全过程信息规范技术；③数据标签技术；④文本处理技术。

在这些大数据技术的支持下，能源监控管理中心可实现四大功能，即①信息全过程管控；②能源网监控告警事件化；③设备缺陷自动发现；④监控异常深度巡视。

上海电力大数据实验室已于 2017 年成立，建立了需求侧电力大数据分析管理平台，实现了对电力大数据的高效存储、快速检索、各类特征挖掘和可视化分析。这些大数据应用分析技术直接面向电网企业的生产管理需求，有效提高对用户行为的预测分析能力，强化电力生产消费的主动调节与智能适应，支撑电网基础设施建设的科学规划和布局调整。

2）现代化能源大系统所需的人工智能技术

当前，人工智能技术的概念包含很多内容，在《国家新一代人工智能发展规划》以及《国家电网人工智能专项规划》中对人工智能技术也都有表述。图 4-2 为弗雷斯特研究公司发表的关于人工智能所包含的 13 种技术及其所处的发展阶段，我们认为能源大系统所需的人工智能技术主要包括（图中五角星所示）：群体智慧、深度学习平台、图像处理、机器学习平台、人工智能优化硬件、决策管理。

值得指出的是，实现人工智能技术的三大要素是数据、算力和算法。有数据没有算法，有算法没有计算能力，都不可能实时分析运行状态，更不能形成有效的调控指令。人工智能技术在能源领域中的应用有待进一步开发和拓展。目前，上海正在持续推进智能气网建设，目标是实现主干管网监控全覆盖，区域输配管网监控覆盖 80%。

3）现代化能源大系统的各级能源信息管理中心

建设现代化能源大系统，如何实现能源运行信息的上传，如何完成调控指令

---

①《习近平致 2018 世界人工智能大会的贺信》，http://www.xinhuanet.com//politics/leaders/2018-09/17/c_1123441849.htm [2020-11-17]。

的智能下达？这就需要建设各级能源信息管理中心。这将是一个全新的机构，我们将在改革能源管理体制部分中详述。

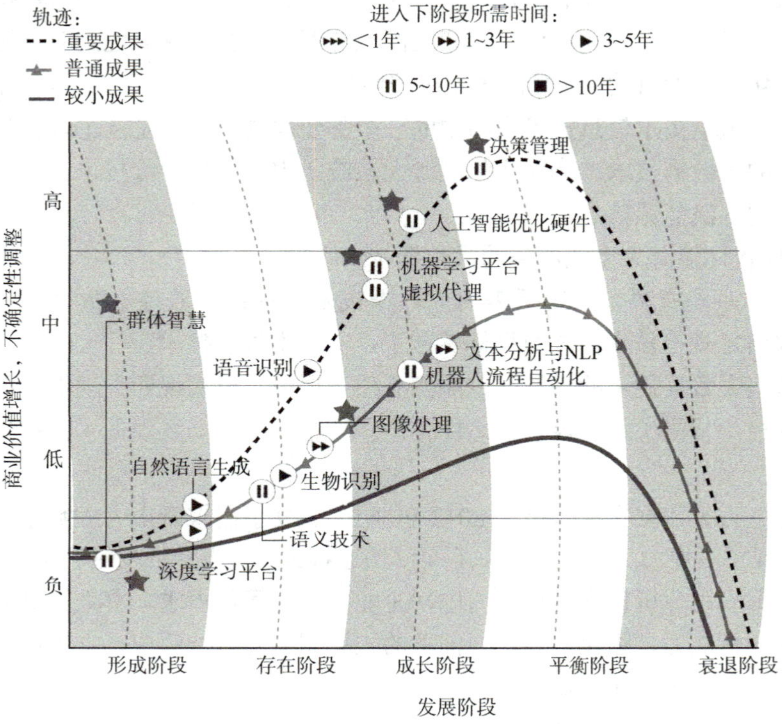

图 4-2　人工智能技术未来发展预测

资料来源：弗雷斯特研究公司，TechRadar™：Artificial Intelligence Technologies and Solutions Q1 2017

二、改革能源管理体制

（1）成立长三角地区能源领导机构，做好能源大系统革命和建设的顶层设计。高瞻远瞩，统揽大局。

建设现代化能源大系统，必须实现能源系统的多能协同、智能调控，需要各部门、各行业、各省市做到基础设施互联互通，运行数据共享共用，调控指令通行无阻、精确执行，只有这样，能源系统才能在多种智能技术的支撑下和各级能源信息管理中心的运行中，真正形成能源流与信息流深度融合，才能成为“互联网+”智慧能源的现代化能源大系统。然而，如第三章所述，我们通过调研了解到长三角地区目前尚缺乏卓有成效的能源管理体制，也没有形成地区级别的能源领导机构，三省一市在制订能源发展规划、实现节能减排目标时，基本处于各自为政的状态。因此，未来要实现长三角能源大系统的现代化，除去相应的技术支撑，建立相应的能源管理体制必不可少。当务之急，则是尽快成立长三角地区能源领导机构，做好能源大系统革命和建设的顶层设计，高瞻远瞩，统揽大局。

（2）建设各级能源信息管理中心，信息共享、多能协同、信息流与能源流深度融合，逐步实现能源大系统的智能调控。

在长三角地区，按照管辖范围由上到下可建立三级管理中心：长三角能源信息管理中心、能源信息管理城市中心、能源信息管理区域中心。长三角能源信息管理中心负责采集管辖范围内所有能源信息管理城市中心的上传信息，对管辖区域内各个城市的能源状况做出正确的分析判断，向下做出必要的调控指令，向上上传必要的运行信息；能源信息管理城市中心，如图 4-3 左侧所示，负责采集管辖范围内所有能源信息管理区域中心的上传信息，对管辖范围内各个区域的能源状况做出正确的分析判断，向下做出必要的调控指令，向上上传必要的运行信息；能源信息管理区域中心，如图 4-3 右侧所示，负责采集管辖范围内散户生产、生活以及各种微型能源系统运行产生的信息，对管辖区域内的能源状况做出正确的分析判断，向下做出必要的调控指令，向上上传必要的运行信息。

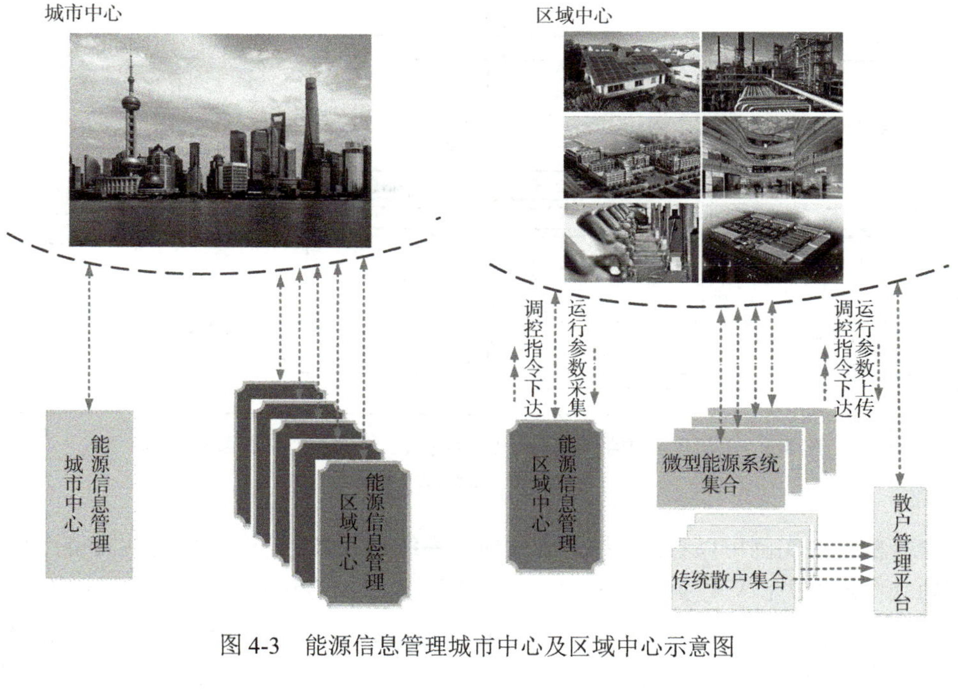

图 4-3 能源信息管理城市中心及区域中心示意图

可以看出，在各级能源信息管理中心中，区域中心最为复杂，因为它不仅包含了传统的分散的用户，还包括形式多种多样的微型能源系统。我们认为，所谓“微型能源系统”，不应仅指微电网，还应包括如天然气分布式供能系统，热电联供，以及风光互补、气电协同、功能完备的综合性微型能源系统等（图 4-4）。

例如，图 4-5 是上海电力大学临港校区综合能源工程的智能能源管理平台，它涵盖了智能电网、智能热网、智能气网、智能水网以及智能建筑，这就是一个气电协同、功能完备的综合性能源系统。

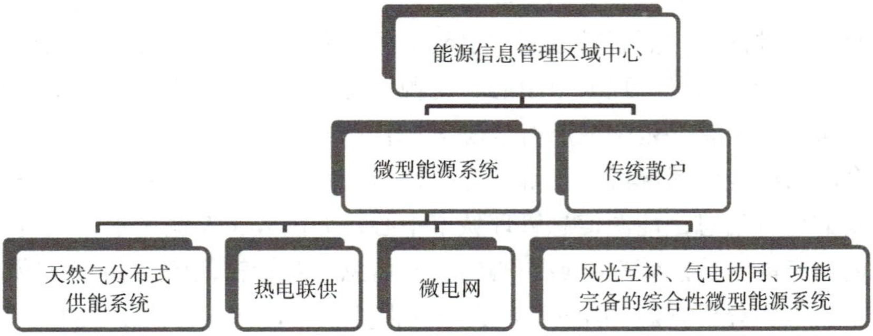

图 4-4　能源信息管理区域中心示意图

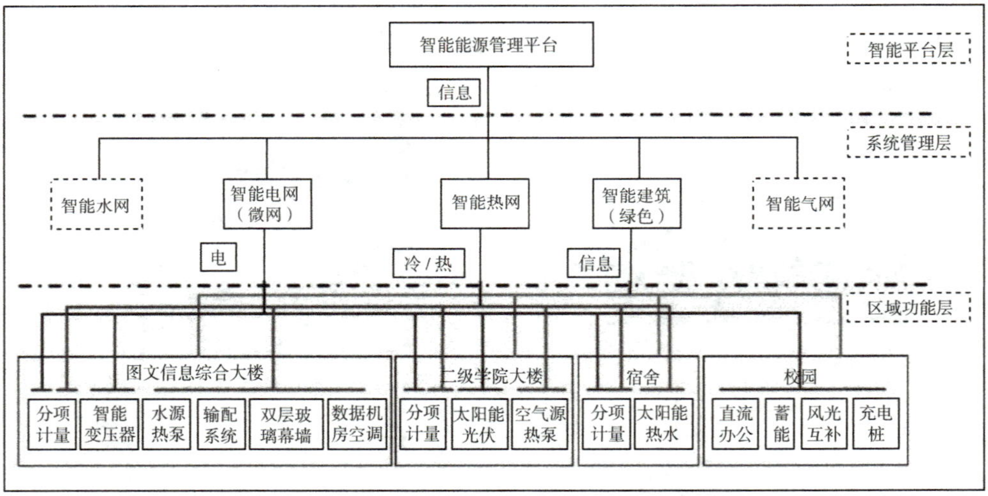

图 4-5　上海电力大学临港校区综合能源工程的智能能源管理平台

资料来源：上海电力大学

分析这些实例可以看出，尽管微型能源系统形式多样，但它们的共同特点是：有独立自治能力；可以孤岛运行也可与能源大系统联合运行；既消耗能源也生产能源；大多按总能理论来设计，实现能量的梯级利用。可以说微型能源系统是整个能源大系统中最活跃、最具生命力、最健康的“细胞”，而能源信息管理区域中心则负责将这些“细胞”和区内传统散户集中起来统一管理，因此，优先理顺区域中心这一层级的能源数据采集、信息处理、指令调控等，有利于下一步推动能源信息管理城市中心和长三角能源信息管理中心的建设。

三、培育能源市场

建设现代化能源大系统，离不开能源市场（能源交易）的推动。我们通过学习中央《关于进一步深化电力体制改革的若干意见》及其配套文件，调研长三角各省市的实际改革进展，了解美、英、德、新加坡等国的能源市场的情况（表 4-1），认为建设长三角现代化能源大系统，必须重视能源市场的培育，利用经济手段加快推进能源生产和消费方式的变革并实现资源的优化配置。

表 4-1 不同国家家庭用户的能源供应统计

地区	家庭用户的能源供应			
	电	天然气	热（冷）	水
美国（纽约）	Con Edison Co.	National Grid		政府
德国	私人公司每年签约		小区集中供热	政府
英国	ScottishPower	ScottishPower		Thames Water
新加坡	私人公司	私人公司		政府

1. 对市场的基本认识

要理解能源市场，首先需要对市场专用名词正确定义、加深理解。

产品市场是指可供人们消费的最终产品和服务的交换场所及其交换关系的总和；要素市场包括生产资料市场、金融市场（资金市场）、劳动力市场、房地产市场、技术市场、信息市场、产权市场等；产品市场和要素市场合称商品市场。

能源大系统在运行中不断生产各种能源，又不断消耗各类能源，能源（煤、油、气、热、电等）从生产供应侧通过能源市场转移到需求侧。因此，从宏观上看，能源市场构成要素（或简称市场要素）包括可供交换的商品（包括煤、油、天然气等一次能源以及冷、热、电等二次能源），提供商品的卖方以及具有商品需求的买方。能源市场是由各种市场要素组成的有机结构体，正是这些要素之间的相互联系和相互作用，决定了市场的形成，推动着市场的现实运动。能源市场本身也遵循着一定的市场规则：能源市场主体是买方和卖方，它们各自追求自身利益最大化；能源市场客体都是商品，包括有形的实物和无形的服务；能源市场交易都以价格为中心，实行自由交换、平等互惠的原则。

2. 社会主义市场经济下的能源市场

尽管能源市场具备市场的一般属性，但又具有其特殊性，能源供应是关系到社会稳定、人民生活安康的物质基础，具有很强的公益性。因此在培育社会主义能源市场时，需重视和处理好能源公益性和市场化的关系。对于社会主义市场经济下的能源市场，我们提出了五点认识，具体如下。

第一，能源市场培育，必须考虑能源供应的特殊性。

在现代社会中能源供应具有公共事业的性质，能源供应涉及国家和全民的整体利益和长远利益，具有各企业、各事业单位和居民共享的基本特征，并服务于生产、流通和居民生活。公共事业管理既不能过分强制，因为它不是行政管理；也不完全是企业行为，去追求利益最大化。

第二，能源市场培育的国际历史经验值得注意。

20 世纪 90 年代以来很多国家都在探索市场化电力改革之路。1996 年美国加利福尼亚州政府通过法案要求原先三大地区垄断的公用电力公司拍卖下属发电厂至少 50%的股份，转化为投资者拥有的公司，自此开启了加利福尼亚州电力市场化改革。1998 年 3 月 31 日正式开始市场运营。2000 年 6 月起电力市场出现了众所周知的大问题。以至于加利福尼亚州宣布进入电力三级紧急情况，实施第二次世界大战后第一次灯火管制，三大配售公司亏损 120 亿美元，处于破产的边缘。

第三，能源市场培育，必须处理好政府和市场的关系。

我国实行的是社会主义市场经济体制，我们仍然要坚持发挥我国社会主义制度的优越性，充分发挥政府在保持宏观经济稳定，优化公共服务，保障公平竞争，加强市场监管，维护市场秩序，推动可持续发展，促进共同富裕，弥补市场失灵等方面的主导作用。

第四，能源市场培育，必须处理好市场化和非市场化的关系。

某些行业可向市场开放，某些行业则需要由国家直接掌控，从发达国家的情况看，公用事业也不是全部向市场开放的，如供水行业不少国家由政府掌控。能源供应市场化的那部分，有的是产品性质，有的是生产资料性质，因此能源市场既不完全是产品市场，也不完全是要素市场，也许称之为商品市场比较合适。

第五，能源市场培育，重视能源市场化的必要性。

能源市场中供需见面、价格放开、优胜劣汰，所以，市场化有利于商品质量提高，有利于削峰填谷，有利于能源结构优化，有利于资源优化配置，有利于现代化能源大系统的建设。

鉴于以上对于社会主义市场经济下的能源市场的五点认识，我们特别对电力市场培育和电力体制改革提出八点建议，具体如下。

第一，推进电力交易机构建设，扩大跨省跨区电力交易。

加快建设长三角地区跨省跨区交易市场，推进基于长三角地区的电力交易机构建设，打破电力交易省间壁垒，扩大跨省跨区电力交易规模。建议建立长三角电力交易中心，其功能一是可以促进建立长三角地区水电跨省挂牌的中长期直接交易市场，更直接、更有效地解决水电消纳问题；二是促进建立长三角地区跨省电力用户与发电企业的中长期直接交易市场，直接通过专门交易平台以集中撮合方式实现；三是促进建立省间余缺互济的现货交易市场，通过扩大长三角地区电力现货市场的平衡区降低对电力系统快速提升（或者降低）的灵活性需求。

第二，培育售电主体。

鼓励高新产业园区或其他负荷较为集中地区发展增量配电网，并以此为基础成立售电公司；鼓励长三角地区现有的趸售供电企业、拥有工业配电网络的工业用户转制为售电公司，并允许其发展用户，扩大供电区域；鼓励长三角地区电力零售、供水、供气、供热（冷）服务整合，成立新的公用事业公司；鼓励长三角地区分布式电源/微网系统联合其他资本、发电企业、用户成立售电公司。

第三，以混改促电改，推进增量配电网建设。

长三角地区应继续提高非公有制经济主体对电力投资建设的积极性，同时，放宽市场准入条件，扩大电力行业市场的开放范围，促进电网企业投资主体的多元化，提高非公有制经济在电力行业的产权比重以及行业话语权。

第四，促进分布式发电市场化交易。

当分布式发电项目有富余电力时，允许其将富余电力出售给临近用户，通过交易价格反映供求关系，可以发挥用户的需求响应潜力，促进分布式发电的消纳。

第五，以配额制激励可再生能源的需求与供给。

通过运用法律手段对可再生能源发电的市场份额做出强制性规定，以配额制激励非水可再生能源发电量的全额消纳；建立基于电力交易、绿色证书及碳交易的新型综合能源服务模式。

第六，促进多种能源的协调。

统筹协调电力、天然气、冷热水部门，打破各能源形式之间的信息和物理壁垒，不仅在单一能源系统，而且在多能源系统上优化配置资源，降低全社会用能成本。

第七，建立完善的信息共享机制。

完善的信息共享机制包括交易前信息披露、交易中信息披露、交易后信息披露以及结算信息披露。每月月度交易前，长三角和各省级交易中心公布电力供需形势预测、电网安全约束信息、交易时间安排等信息，帮助市场主体对竞争形势做出正确的判断和决策；在交易市场开启后，交易系统实时披露申报统计信息，便于市场主体及时调整交易策略；交易完成后，市场主体可通过交易系统查询交易结果。

第八，探索能源区块链技术。

探索能源领域区块链技术，尤其是电力体制改革的过程将涉及很多由原先单一主体改变为多主体共同合作、竞争的模式，区块链技术有望在改革过程中帮助理顺各部门关系，平衡各部门诉求。

我们在讨论了技术支撑、能源管理体制改革、能源市场培育之后，提出现代化能源大系统具体构架。图 4-6 是现代化能源大系统的示意图，由图可见现代化能源大系统并非重构我们已有的能源系统，而是对这个已有的能源系统进行现代化改革。

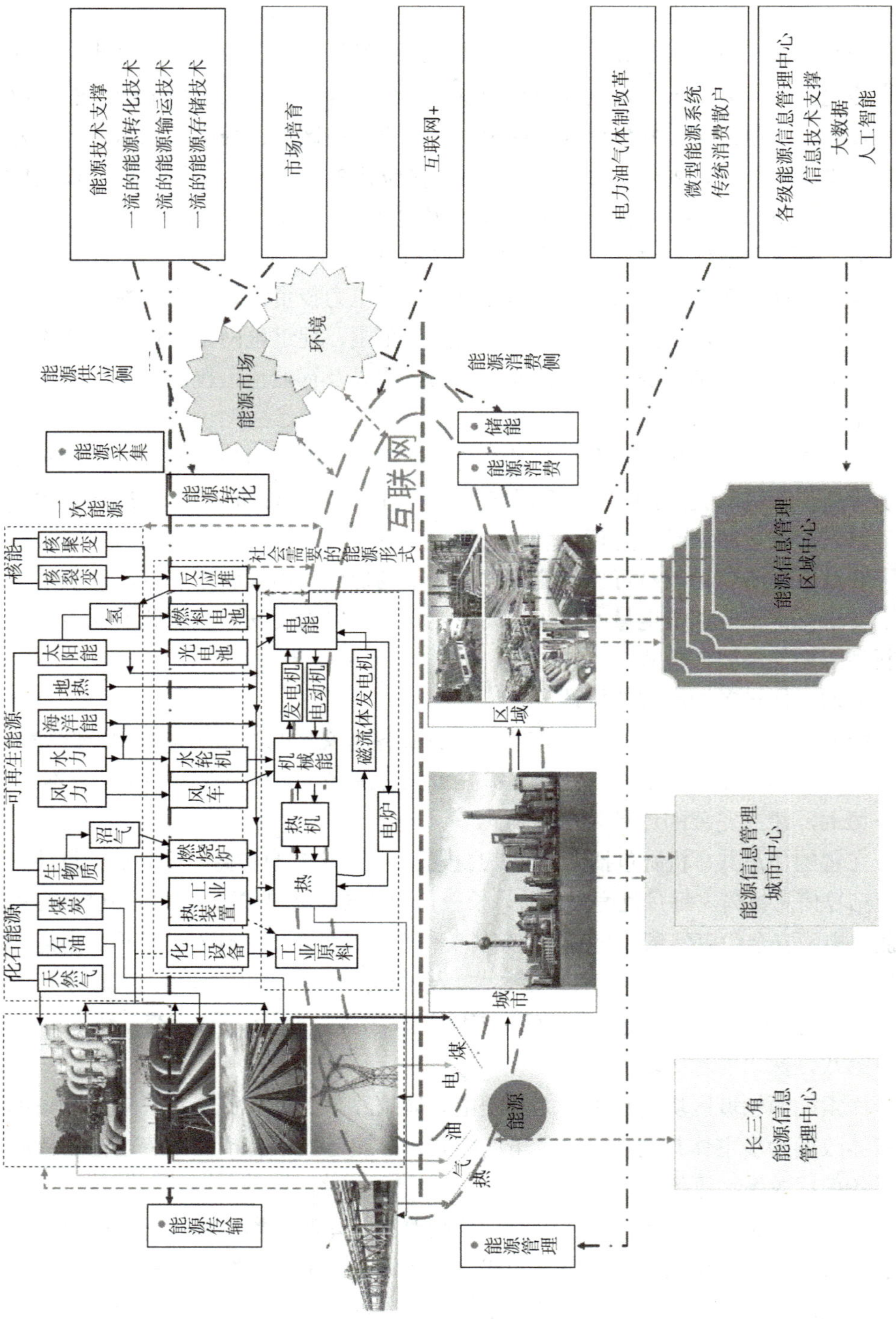

图4-6 现代化能源大系统示意图

我们可以进一步把现代化能源大系统的思想表述如下。

（1）就其本质而言，现代化能源大系统是一个能源系统，因此，现代化能源大系统依然包括能源的采集、转化、运输、储存、消费、交易等环节。

（2）社会发展需要的煤、油、气、电、热等能源在这些环节中流转，形成能源大系统中的能源流。

（3）能源流的各种数据信息，在现代化能源大系统中不仅能有效地采集，而且能通过互联网上传至各级能源信息管理中心，能源信息管理中心有能力分析处理能源流的数据信息，结合能源市场的交易情况和生态环境的实际，判定能源系统的运行状态，生成能源流的调控指令，上传下达，完成整个能源大系统的智能调控，实现“信息流和能源流的深度融合”。

（4）由此可见现代化能源大系统不是互联网，而是利用互联网，是由能源科技、环保科技、信息科技支撑的能源系统。

（5）在第三次工业革命和第四次工业革命交错的今天，“互联网+”智慧能源是现代化能源大系统一个比较确切的表达。

（6）现代化能源大系统建设的最终目标是建成一个清洁低碳、安全高效的能源体系。

第四节　能源革命对长三角未来能源需求及碳排放的影响分析

从第三章中传统发展模式的结果可以看出，沿着当前的发展路径，能源需求持续上升，碳排放持续增长。本章前几节提出了“现代化能源大系统”的思路，描述了它的框架结构，并从科技、体制、市场、环境等角度分析大系统的特点。本节将用模型预测的方法，进一步探索：在我国经济发展迈入新常态的关键时期，长三角三省一市以区域一体化发展为重大战略指导，构建长三角现代化能源大系统会产生多少效果，改革的红利能否有数量上的概念。

一、情景假设

对能源长期趋势的预测面临诸多不确定性，比如，政策调整、关键能源技术的突破、能源利用方式的变革等。此处从目前可以预见的趋势出发，结合现代化能源大系统的构建，根据可能的政策取向和发展路径，设置了低碳情景、强化低碳情景一和强化低碳情景二。这三个情景设置的主要差别在于长三角地区能源大系统建设的推进程度。为与传统发展模式相对比，我们将传统发展模式命名为基准情景，作为后续三个情景的比较基础。

四个情景的主要特点如下。

1. 基准情景

经济社会发展：2050 年前长三角地区人口总量保持 0.134%的年均增速，地区生产总值保持 4.32%的年均增速，到 2030 年产业结构中第三产业比重从 2015 年的 50.4%（2019 年为 55.4%）上升至 61.4%，随后增速放缓。

能源利用效率：煤电发电效率年均增长 0.4%左右，工业用能效率 2035 年比 2015 年提高 45.3%左右，2035 年后用能效率继续提升，但增速有所放缓。

可再生能源发展：受可再生能源发电成本和储能技术的限制，可再生能源发电的经济性处于相对劣势，导致本地可再生能源的占比难以大幅提升。

能源政策：对环境保护和气候变化关注较小，全球气候变化谈判基本无实质性进展，长三角地区对化石能源的依赖无实质性变化。

2. 低碳情景

在基准情景基础上，适度提高产业结构中服务业的比重，通过建设现代化能源大系统，适度提高能源利用效率，适度提高可再生能源在能源结构中的比例。

经济社会发展：人口和经济增速与基准情景保持一致，将 2035 年第三产业比重从基准情景的 65.4%提升至 70%。

能源利用效率：煤电发电效率年均增长 0.5%左右，工业用能效率 2035 年比 2015 年提高 47.5%左右，2035 年后用能效率继续提升，但增速有所放缓。

可再生能源发展：可再生能源发电成本不断降低，2035 年风电和太阳能发电成本分别低于和接近传统能源发电成本，储能和智能电网技术的应用在 2035 年前后实现较大突破，使得本地可再生能源发电比例不断提高。

能源政策：未来能源政策按目前预期趋势发展，各国普遍关注环境污染和 CO_2 减排，包括中国在内的主要国家延续对清洁能源利用的鼓励政策，CO_2 捕集技术在长三角地区以示范为主。

3. 强化低碳情景一

在低碳情景基础上，维持人口规模、经济增速、产业结构不变，大力推进现代化能源大系统建设，进一步提高各部门的能源利用效率和可再生能源的使用比例。

经济社会发展：人口规模、经济增速、产业结构与基准情景一致。

能源利用效率：煤电发电效率年均增长 0.6%左右，工业用能效率 2035 年比 2015 年提高 50.9%左右，2035 年后用能效率继续提升，但增速放缓。

可再生能源发展：可再生能源发电成本不断降低，2035 年风电、太阳能发电成本均低于传统能源发电成本，储能和智能电网技术以更快的速度发展促进风能、太阳能的发展，使得本地可再生能源的比例显著提高。

能源政策：清洁化能源政策以比目前更加严格的趋势发展，中国更加关注环境政策和气候变化，CO_2捕集技术在长三角地区小范围应用。

4. 强化低碳情景二

在强化低碳情景一的基础上，维持人口规模、经济增速、产业结构、煤电发电效率不变，持续强力推进现代化能源大系统建设，进一步提高工业等部门的能源利用效率，提高外来电中可再生等清洁能源的比例，提高对本地可再生能源的利用程度。

经济社会发展：人口规模、经济增速、产业结构与基准情景一致。

能源利用效率：煤电发电效率与低碳情景一致，工业用能技术效率2035年比2015年提高56.8%左右，2035年后用能效率继续提升，但增速放缓。

可再生能源发展：储能技术和智能化技术取得重大突破，可再生能源发电成本大幅降低，相对竞争性大幅提高，加上外购电中可再生电力的占比提升，使得可再生能源消费的占比大幅增加。

能源政策：我国自主减排贡献谈判取得重大进展，各国对化石能源利用采取更加严格的控制政策，对可再生能源发展甚至采取不计成本的鼓励政策，CO_2捕集技术在长三角地区较大范围内应用。

二、结果分析与讨论

1. 能源需求

构建长三角能源大系统后的长三角能源需求预测结果见图4-7。由图可知，与基准情景对比，低碳情景下长三角地区2020年能源需求总量将从基准情景的8.5亿吨标准煤下降至8.1亿吨标准煤，下降约4.7%，2035年能源需求总量将从11.6亿吨标准煤下降至9.5亿吨标准煤，下降约18.1%，2050年能源需求总量将从15.3亿吨标准煤下降至10.7亿吨标准煤，下降约30%。若按强化低碳情景一的模式发展，长三角地区2020年能源需求总量将从基准情景的8.5亿吨标准煤下降至7.7亿吨标准煤，下降约9.4%，2035年能源需求总量将从11.6亿吨标准煤下降至8.4亿吨标准煤，下降约27.6%，2050年能源需求总量将从15.3亿吨标准煤下降至9.4亿吨标准煤，下降约38.6%。若按强化低碳情景二发展，长三角2020年能源需求总量将从基准情景的8.5亿吨标准煤下降至7.6亿吨标准煤，下降约10.6%，2035年能源需求总量将从11.6亿吨标准煤下降至8.2亿吨标准煤，下降约29.3%，2050年能源需求总量将从15.3亿吨标准煤下降至9.1亿吨标准煤，下降约 40.5%。

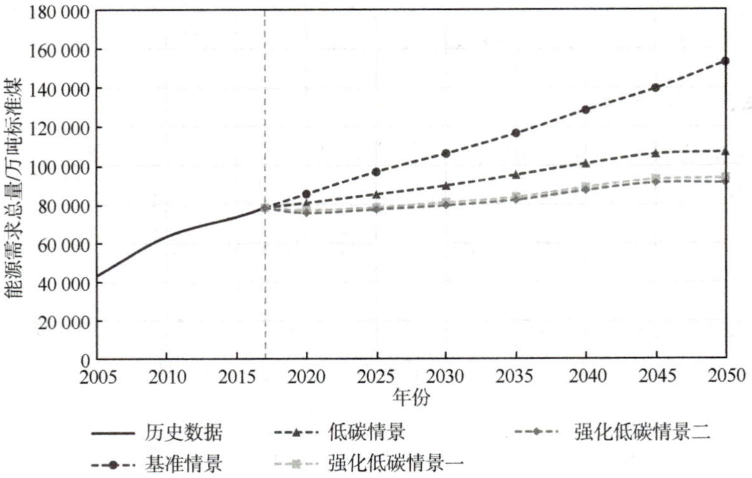

图 4-7　2020～2050 年不同情景下长三角能源需求总量

从化石能源需求总量（图 4-8）可知，随着能源革命的推进，化石能源需求总量降幅明显。低碳情景下 2035 年长三角化石能源需求总量相比基准情景下降 26.0%，强化低碳情景一下降 42.1%，强化低碳情景二下降 55.5%。低碳情景下 2050 年长三角化石能源需求总量相比基准情景下降 40.8%，强化低碳情景一下降 57.9%，强化低碳情景二下降 73.7%。不同情景下长三角地区化石能源消费量的差异主要归因于可再生能源的发展程度与利用规模。

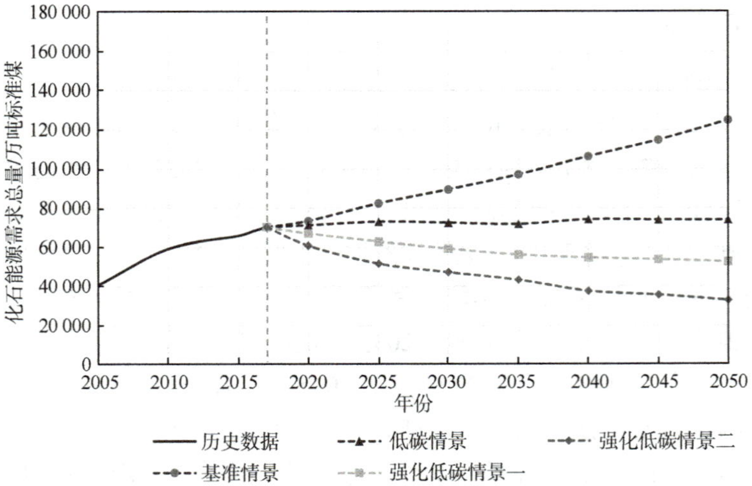

图 4-8　2020～2050 年不同情景下长三角化石能源需求总量

可见，以建立现代化能源大系统的方式推进长三角地区能源革命可使长三角地区未来能源需求增势放缓：2035 年能源需求总量将从 11.6 亿吨标准煤降至 8.2 亿～9.5 亿吨标准煤，能源需求总量可最大减少约 29.3%，化石能源需求总量从 9.7 亿吨标准煤降至 4.3 亿～7.2 亿吨标准煤，最大可减少 55.7%；2050 年能源消费总量从 15.3 亿吨标准煤降至 9.1 亿～10.7 亿吨标准煤，降幅最大可达 40.5%，化石能源需求总量从 12.8 亿吨标准煤降至 3.3 亿～7.4 亿吨标准煤，最大降幅可达 74.2%。

2. 碳排放

图 4-9 为不同情景下长三角 2020～2050 年碳排放预测结果。由图可知，低碳情景下长三角地区碳排放总量从 2017 年的 17.4 亿吨 CO_2 降至 2035 年的 16.9 亿吨 CO_2；强化低碳情景一中长三角地区碳排放总量呈下降趋势，2035 年碳排放总量降至 14.0 亿吨 CO_2，2050 年降低至 13.5 亿吨 CO_2；强化低碳情景二中长三角地区 2035 年碳排放总量降至 9.8 亿吨 CO_2，2050 年进一步降低至 6.8 亿吨 CO_2，该模式下长三角碳排放总量的下降趋势非常显著。碳排放总量的高低与能源结构、能源使用的清洁程度、能源利用效率、碳排放系数等都有密切的关系。能源结构中可再生能源的比例越高，碳排放总量越低；煤炭等化石能源的利用方式越清洁，CO_2 捕集技术的推广范围越大，发电的效率越高，碳排放总量也越低。

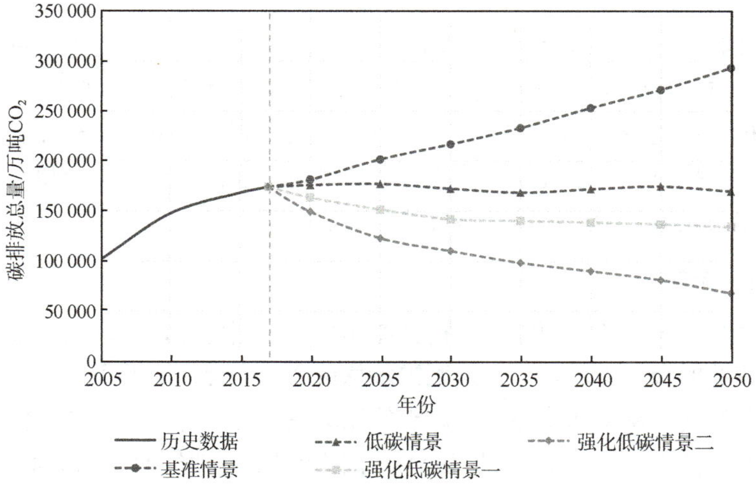

图 4-9　2020～2050 年不同情景下长三角的碳排放

从单位地区生产总值碳排放结果（图 4-10）看，四种情景下长三角四省市单位地区生产总值碳排放均呈现下降趋势，强化低碳情景二相比其他情景的单位地区生产总值碳排放下降趋势更显著。《巴黎协定》中我国承诺争取到 2030 年实现碳排放相较 2005 年降低 60%～65%的目标，并坚定不移地推进 2030 年碳排放达峰且尽早达峰。国家发改委、国家能源局发布的《能源生产和消费革命战略（2016—2030）》[①]文件中也明确指出，京津冀、长三角、珠三角地区碳排放应率先达到峰值。基准情景、低碳情景、强化低碳情景一和强化低碳情景二四种情景中，2030 年长三角单位地区生产总值碳排放较 2005 年分别下降 60.4%、70.1%、76.9%和 79.9%。

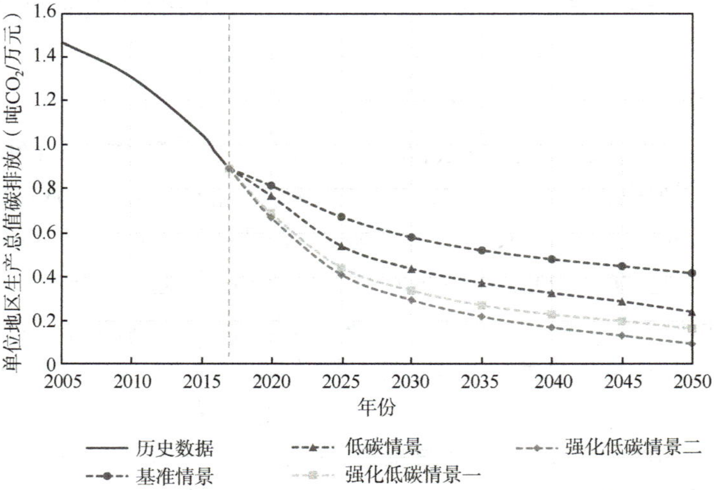

图 4-10 2020～2050 年不同情景下长三角单位地区生产总值碳排放

可见，四种情景下长三角均能基本完成我国 2030 年单位国内生产总值碳排放下降 60%～65%的目标，但基准情形无法实现碳排放达峰的要求；低碳情景在 2025 年左右碳排放可达峰，但是由于 2025 年后可再生能源的增量无法充分满足能源需求的增长，碳排放又会出现少许抬头趋势的可能；强化低碳情景一和强化低碳情景二既能完成减排目标，还能使碳排放提前达峰。

3. 能源结构

不同情景下长三角能源需求结构见图 4-11。由图可知，通过能源技术的不断创新与政策的融合推进，长三角能源需求总量增幅变缓，能源需求结构也朝着清洁化的方向发展。从总体趋势看，煤炭的比例呈下降趋势，特别是强化低碳情景一和强化低碳情景二，其煤炭占比呈显著下降趋势；天然气的占比均呈上升趋势；区内非化石能源占比上升明显，特别是强化低碳情景一和强化低碳情景二。具体来看，2035 年，长三角煤炭消费占比可从基准情景的 49.3%下降至强化低碳情景二的 23.9%，天然气占比可从基准情景的 12.8%上升至强化低碳情景二中的 13.4%；区内非化石能源占比可从基准情景的 9.1%提高到强化低碳情景二的

① 《两部门印发〈能源生产和消费革命战略（2016-2030）〉》，http://www.gov.cn/xinwen/2017-04/25/content_5230568.htm [2017-04-25]。

35.9%，外来电占比相应地从 7.4%提高到 11.7%。2050 年，长三角煤炭消费占比可从基准情景的 44.9%下降至强化低碳情景二的 9.3%，天然气占比相应地从 17.0%提高到 17.3%，区内非化石能源占比从低碳情景的 11.6%上升至强化低碳情景二的 50.2%，外来电占比则从 6.8%提高到 13.7%。综上，低碳情景下 2050 年长三角能源消费结构将由煤炭、石油和非化石能源“三分天下”，若进一步推进能源革命，建设现代化能源大系统，长三角地区未来能源结构将更加优化。

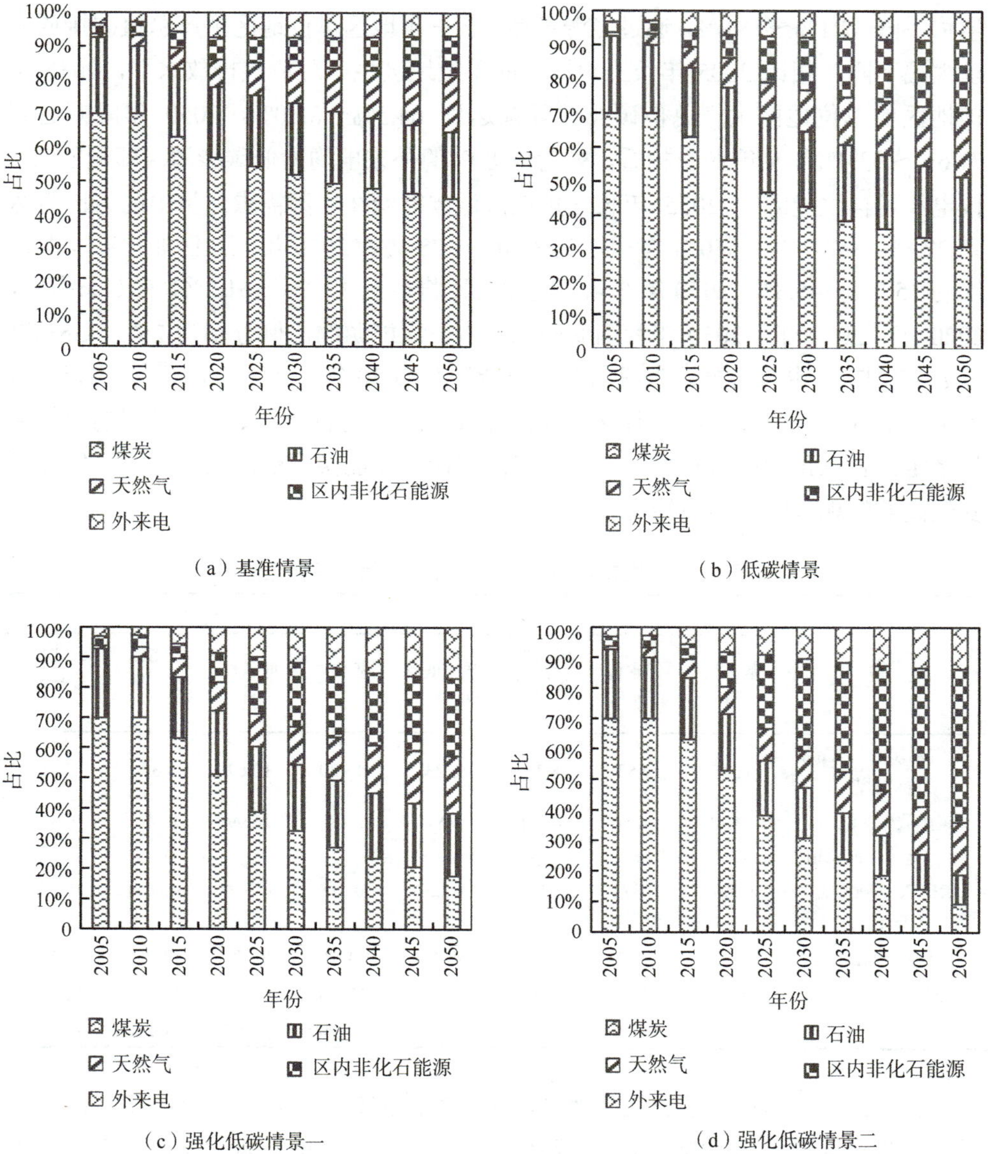

（a）基准情景　（b）低碳情景

（c）强化低碳情景一　（d）强化低碳情景二

图 4-11　2020～2050 年不同情景下长三角能源需求结构

4. 长三角未来能源需求与碳排放小结

长三角通过不同路径的能源革命，不仅可减缓该地区能源需求总量的增长速度，还可使该地区的能源结构迈向低碳化，从而有效控制该地区的碳排放。如表 4-2 所示，相比基准情景，长三角地区 2035 年的能源需求总量将下降 18.1%～29.2%，2050 年则将下降 30.1%～40.5%。通过能源革命，可大幅降低长三角地区的碳排放：相比基准情景，2035 年长三角地区碳排放将下降 27.6%～57.8%，2050 年将下降 42.1%～76.8%。通过能源革命，长三角地区单位地区生产总值碳排放得以大幅下降。相比 2005 年长三角地区的单位地区生产总值碳排放水平，2035 年该地区的单位地区生产总值碳排放降幅达到 64.5%～85.0%，2050 年降幅达到 71.6%～93.4%。从能源结构看，若考虑 80%的外来电均为低碳能源（即天然气、核电和可再生能源），2035 年长三角地区低碳能源在能源需求总量中的占比将达到 27.8%～58.7%，2050 年有望达到 34.0%～78.5%，2035 年该地区非化石能源占比为 15.0%～45.3%，2050 年非化石能源占比将增至 17.0%～61.2%。有专家指出，2020 年、2030 年、2050 年我国低碳能源占一次能源的比例分别为 25%、35%以及近 60%[48]，也有研究认为我国非化石能源在 2030 年占比为 20%[49]。随着“努力争取 2060 年前实现碳中和目标”的提出，我国能源向绿色、低碳转型的步伐更加坚定。长三角地区只有通过深入的能源革命，才能实现能源利用向清洁低碳、安全高效的现代能源体系转变。

表 4-2　不同情景下长三角能源需求相关指标汇总

指标	2035 年				2050 年			
	基准情景	低碳情景	强化低碳情景一	强化低碳情景二	基准情景	低碳情景	强化低碳情景一	强化低碳情景二
能源需求总量/亿吨标准煤	11.63	9.52	8.37	8.23	15.30	10.69	9.37	9.11
碳排放/亿吨 CO_2	23.30	16.86	14.04	9.84	29.35	16.99	13.46	6.81
单位地区生产总值碳排放/（吨 CO_2/万元）	0.522	0.373	0.272	0.220	0.418	0.242	0.165	0.097
低碳能源占比	27.8%	37.7%	48.1%	58.7%	34.0%	46.9%	57.7%	78.5%
非化石能源占比	15.0%	23.8%	33.9%	45.3%	17.0%	28.0%	38.8%	61.2%
天然气占比	12.8%	13.9%	14.2%	13.4%	17.0%	18.9%	18.9%	17.3%

表 4-2 的数据揭示了长三角地区能源发展的前景，也就是在国家战略的指导下，按照建设现代化能源大系统的理念，依靠符合实际的技术进步，随着能源体制改革的深化、能源市场培育的成熟、科学用能理念的深入人心，长三角地区能

源需求在 2035 年和 2050 年将发生重大变化。

综上，长三角地区必须结合当地的实际，用建设能源大系统的思想来推动能源生产、能源消费、能源技术、能源体制革命，并最终实现构建清洁低碳、安全高效能源体系的战略目标[50-55]。

第五章　能源革命推动长三角地区创新发展及若干建议

第一节　能源革命推动长三角地区创新发展

在长三角区域一体化高质量发展的国家战略下，区域经济社会发展对能源系统提出了新的需求，掀起了长三角地区能源革命；反过来，能源革命的成果也将会进一步推动长三角地区经济社会全方位的创新发展。能源革命推动长三角地区创新发展主要表现在以下几个方面：长三角地区体制创新、长三角地区市场创新、长三角地区科技创新、长三角地区文明进步和长三角地区生态环境保护等（图 5-1）。

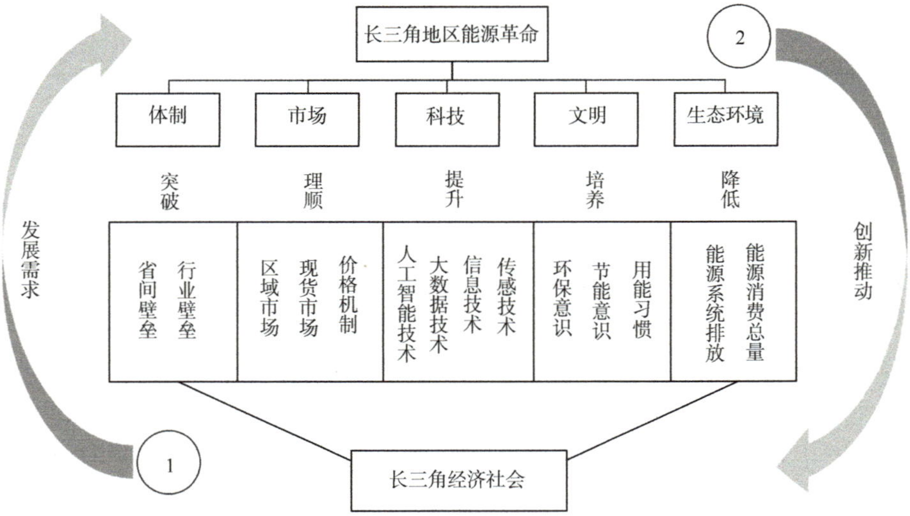

图 5-1　能源革命对长三角地区的推动作用

（1）在推动体制创新方面，能源革命可打破长三角能源管理的省间壁垒和行业壁垒，为区域一体化发展做出重要贡献。

按现代化能源大系统的思路，三省一市可共同制订长三角能源一体化发展规划，实现区域内各类能源采集、转化、输运、交易、储备、消费的合理布局，实现各类能源基础设施共建共享、互联互通，实现能源供应的互济互保，实现整个能源系统运行调度的数字化、信息化和智能化。由此可见，推进长三角地区能源革命，构建现代化能源大系统，有助于打破长三角能源管理的省间壁垒和行业壁垒，为长三角区域一体化发展做出重要贡献。

（2）在推动市场创新方面，能源革命可促进长三角能源市场的建立，对长三角地区统一市场的培育以及社会主义市场经济理论的创新做出贡献。

能源交易是现代化能源大系统的重要环节，在现代化能源大系统的建设过程中，必将形成灵活参与、竞争充分的新型能源市场交易体系，并不断创新能源市场的商业运营模式。能源市场的发展和成熟将对长三角地区统一市场的培育做出重要贡献。此外，特别要指出的是：能源市场既有一般市场化的共性，也有公用事业市场化的特殊性，能源市场的建立必定会推动社会主义市场经济理论的创新。

（3）在推动科技创新方面，能源革命可推动长三角地区能源技术的发展，促进信息技术、大数据技术、人工智能技术和传感技术等在能源领域的融合创新发展。

长三角地区在能源装备方面本已具备雄厚实力，通过大系统的建设，还将会进一步推动该地区能源技术的创新发展。在能源转化方面促进先进燃机（H 级燃气轮机）、高效清洁煤电（700 摄氏度超超临界）、可再生能源发电（海上风电等）、新型核能装备等能源转化系统技术进步；在能源传输方面促进长三角智能电网、天然气智能管网、能源物流网等能源基础设施智能化进程；在能源储存方面促进储能系统降低成本、商业化开发和大规模利用。此外，现代化能源大系统的建设还将推动互联网技术、大数据技术、人工智能技术（群体智慧技术、深度学习平台、图像处理、机器学习平台、人工智能优化硬件、决策管理等技术）、云计算技术在能源领域的融合创新发展，当然，在实现能源流与信息流深度融合时也会促进传感技术、科学计算技术、计算能力的创新发展。

（4）在推动社会文明进步方面，能源革命可进一步培育长三角地区各类用户的用能习惯，增强用户的节能意识和绿色环保理念，提高各类用户在能源运行中的参与配合度。

推进长三角能源革命，建设现代化能源大系统，区域能源市场将得到进一步开放，能源交易也将变得更加灵活，市场参与主体变得更加多元，这将倒逼能源企业降低成本、提高运行效率，为各类用户提供多样的能源服务方案，以满足用户差异化用能需求，而各类能源用户因此拥有了更多的选择权，有助于进一步培育其理性的用能习惯，增强用户的节能意识和绿色环保理念。同时，在现代化能源大系统的建设中，将会有越来越多的微型能源系统融入其中，不仅可以解决可再生能源的就地消纳问题，还可促进多余的电力在用户间自主交易等。微型能源系统的用户既是能源生产者也是能源消费者，这必将提高其在能源运行中的参与度和配合度。不仅如此，大量分散的能源用户在能源大系统数字化、信息化、智能化的发展中也将逐步提高对能源运行的参与度和配合度，培养理性用能习惯。因此，长三角地区能源革命会培养各类能源用户的理性用能习惯，助力绿色低碳生活方式，进而推动社会文明进步。

（5）在推动生态环境保护方面，能源革命可进一步改善能源系统排放问题，优化长三角区域的生态环境。

通过建立现代化能源大系统，到2035年，长三角地区能源消费总量相较于传统发展模式（即延续当前的发展方式）将减少18.1%～29.2%，2050年将减少30.1%～40.5%；化石能源需求总量2035年将减少23%～56%，2050年将减少41%～74%；碳排放2035年将减少27.6%～57.8%，2050年将减少42.1%～76.8%。可见，推进长三角能源革命，建设现代化能源大系统，不仅能完成减排目标，还能使碳排放提前达峰。长三角将会在清洁能源占比大幅提高的情景下，实现一次能源消费总量下降，从而使得能源系统排放改善，有助于优化长三角区域的生态环境。

18世纪中叶以来，人类历史上先后发生了四次工业革命，使人类进入快速发展的时代，与此同时，也造成了巨大的能源、资源消耗，付出了巨大的环境代价、生态成本，加剧了人与自然之间的矛盾。进入21世纪后，人类面临空前的全球能源与资源危机、生态与环境危机、气候变化危机，多重挑战引发了第四次工业革命——绿色工业革命。当今第三次工业革命还是方兴未艾之际，第四次工业革命已悄然来临。第四次工业革命是以大数据、云计算、人工智能、新能源为特征的技术革命。其实质和特征是提高资源生产率，减少污染排放；目标是人工智能化。也有人说：第四次工业革命是由一系列技术创新带来的物理空间、网络空间、生物空间的互联互通。在前三次工业革命中，我国都处于边缘化的地位，但第四次工业革命我国和发达国家站在同一起跑线上，我们能不能坐稳第四次工业革命的“头班车”？如前所述，通过能源革命，构建长三角能源大系统，是支持长三角地区建设现代化经济体系、坐稳第四次工业革命“头班车”的必要条件。

第二节　推进长三角能源革命若干建议

党的十九大报告提出，要构建清洁低碳、安全高效的能源体系[①]，与此同时，习近平关于能源消费革命、供给革命、技术革命和体制革命的重要战略思想，则进一步为我国的能源发展和改革指明了方向。自2018年11月习近平“将支持长

① 《习近平指出，加快生态文明体制改革，建设美丽中国》，http://www.gov.cn/zhuanti/2017-10/18/content_5232657.htm [2017-10-18]。

江三角洲区域一体化发展并上升为国家战略”以来[①]，长三角一体化全面提速。2019 年 10 月至 2020 年 7 月，《关于支持长三角生态绿色一体化发展示范区高质量发展的若干政策措施》、《长三角生态绿色一体化发展示范区》[②]和《长江三角洲区域一体化发展规划纲要》[③]等战略顶层设计相继出台，标志着长三角一体化发展进入实质性落地阶段。这为长三角能源革命的深入推进提供了新的契机。

长三角地区能源总体上存在需求量大、需求量持续增长及对外依赖程度高的特点。近些年，长三角地区的能源结构得到不断优化，能源基础设施得以不断完善，能源系统整体效率得到不断提升，能源相关科技取得关键突破，但长三角区域能源发展仍面临“保供、提质、增效、优化、清洁”等方面的问题。此外，能源发展不仅是能源的单方面发展，能源发展同样需要解决经济社会和生态环境协调发展的问题。为此，本书在全面分析长三角能源发展特点的基础上，初步探讨了能源发展与经济社会、生态环境的关系，提出了通过建设现代化能源大系统来推进长三角地区能源革命，并分析了能源革命给长三角地区创新发展带来的推动作用。

综合本书研究内容，提出以下八条建议，旨在通过现代化能源大系统建设，将长三角地区打造成能源一体化发展的先行区、能源高质量发展的引领区、能源科技和体制创新的示范区。具体建议如下。

第一，成立长三角地区能源领导机构，做好能源革命和建设的顶层设计。

本书充分揭示了能源系统的复杂性：首先，能源大系统由能源采集、能源转化、能源输运、能源储存、能源交易等许多子系统构成，是一个复杂的大系统。其次，能源的多样性进一步加深了能源系统的复杂程度。最后，能源系统与生态环境系统的交叉更进一步使问题复杂化。本书也揭示了能源系统的重要性：它与营商条件、民生保障、产业运行、生态环境优化、国际合作紧紧相关，它支撑着整个经济社会发展。面对这样一个重要的、复杂的大系统必须建立长三角地区的统一能源领导机构，做好能源革命和建设的顶层设计，包括共同制订长三角能源一体化发展规划，共同建设和完善长三角地区电网和天然气管网等基础设施，共同构建统一的、多能协调的能源管理信息平台，共同守住生态保护红线等，这样才能高屋建瓴、统揽大局。

第二，依托长三角一体化发展示范区，打造长三角能源一体化先行示范区，

---

① 《习近平在首届中国国际进口博览会开幕式上的主旨演讲（全文）》，http://www.xinhuanet.com/politics/leaders/2018-11/05/c_1123664692.htm [2018-11-05]。

② 《上海市人民政府、江苏省人民政府、浙江省人民政府印发〈关于支持长三角生态绿色一体化发展示范区高质量发展的若干政策措施〉的通知》，http://www.zj.gov.cn/art/2020/7/7/art_1229019364_793153.html [2020-07-07]。

③ 《长江三角洲区域一体化发展规划纲要》，http://www.china-csj.org.cn/public_static/#/main/artical/detail/456/2/undefined [2019-12-01]。

推动现代化能源大系统建设，并总结经验，逐步推广。

长三角一体化发展示范区的建设为现代化能源大系统的建设提供了先行先试的实践示范平台。电力作为一种可来源于多种能源种类的二次能源，它也是现代化能源大系统建设中最容易实现能源流与信息流深度融合、实现能源大系统智能调控的能源形式。在长三角一体化示范区内电力一体化初具雏形的基础上，建议长三角一体化发展示范区纳入更多的能源种类和更新的能源管理模式，把能源合作从单一的项目合作发展成为全面、深度、一体化合作，并将长三角一体化发展示范区打造成为现代化能源大系统的先行示范区，总结经验，逐步推广。

第三，深化能源体制改革，以打破行业之间的壁垒、省际壁垒为重点，实现互联互通、多能协同、优化组合。

深化能源体制改革，为建立现代化能源大系统营造良好的制度环境。建议建立健全长三角地区的能源利益协调和补偿机制，打破能源管理的行业壁垒和省间壁垒，提升长三角能源互济互保互给能力。当前电网企业在区域一体化和能源管网互联互通中起到了排头兵的作用，有望打破长三角供电的区域隔离和管理分块，真正意义上实现三省一市供电服务一体化无缝衔接。

第四，大力培育能源市场，在市场运行中建立能源价格形成机制，实现资源优化配置。

能源供应具有很强的公益性，是关系到社会稳定、人民安康的关键环节，因此能源市场不仅有市场的一般属性，还具有公共事业的特殊性。在培育社会主义能源市场时，既要重视能源市场化的必要性，也要处理好市场化和公益性之间的关系。建议长三角地区大力培育能源市场，可率先推进电力市场化改革，建立开放、统一的电力市场，合理推进电网输配价格改革，推进跨省跨区电力用户与发电企业直接交易；放开售电侧的竞争，培育一批新型售电主体和综合能源服务公司；通过市场竞争倒逼售电侧降低成本，提高运行效率，满足用户差异化用能需求；完善峰谷电价，通过电价机制鼓励智能家居的布局，实现电力削峰填谷，保障供电安全；对家用光伏电池、储能系统进行合理补贴等。此外，还要完善清洁能源价格机制，加快落实可再生能源全额保障性收购制度，建立长三角跨省跨区清洁能源消纳政策和电价机制，促进补贴的运作过程透明化，逐步减少交叉补贴。

第五，建议在长三角地区推动现代化能源大系统规划建设，率先实现国家提出的“互联网+”智慧能源发展战略。

在以信息技术、计算机技术为特征的第三次工业革命和以大数据、云计算、人工智能、新能源为特征的第四次工业革命交叉的时代，能源系统的数字化、信息化、智能化发展是必然的趋势，长三角地区应抓住科技发展时代机遇，在“互联网+” 智慧能源战略思想的指导下，推进能源系统的数字化、信息化、智能化建设，实现能源流与信息流深度融合。为此必须实现全地区数据共享，环节打通，建立一体化标准协议与数据接口。

第六，大力发展各种类型的微型能源系统。

微型能源系统是现代化能源大系统中最活跃、最有生命力的“细胞”。建议充分发挥长三角地区能源行业的科研实力优势，加快区域内政、产、学、研、用一体化科技创新体系和创新能力建设，着力突破微型能源系统领域的关键核心技术，积极探索实施一批微型能源系统示范工程。与此同时，建议结合地区电网发展技术，围绕各种类型的微型能源系统，选择合理区域探索分布式能源微电网的建设，为长三角构建现代化能源大系统提供有益示范。

第七，长三角地区有能源装备制造业的雄厚基础，当前要突出重点，掌握关键技术，为能源转化、能源传输、能源储存、能源结构优化做出新的贡献。

充分发挥长三角在能源装备制造业的优势，进一步掌握核心技术，着力突破燃气轮机、超超临界发电、核电、氢能和燃料电池等领域的关键核心技术。风电、光伏装备制造要进一步降低成本，提高性价比，并大力推广应用。储能是可再生能源系统中的关键环节，政府要营造良好的市场环境，促进储能产品的公平竞争。实现储能由研发示范向商业化初期过渡，继而实现商业化初期向规模化发展转变。推动长三角能源产业率先实现“质量变革、效率变革、动力变革”。

第八，设立“长三角能源科技创投基金”，做好高新科技的培育与孵化。

建议设立具有“造血机制”的长三角能源科技创投基金。长三角能源科技创投基金可以按照股权形式持股，这样不仅可以有效降低企业在前沿或颠覆性技术中的开发风险，还可能从获得技术成果的项目中获取投资收益，形成重大项目的持续培育能力。通过充分发挥该基金在重大技术装备研制以及应用示范等领域的市场培育功能，能够鼓励更多社会力量积极投入到能源科技研发当中，为先进能源技术创新发展提供良好的市场保障。

参考文献

[1] 刘志彪，等. 长三角区域经济一体化[M]. 北京：中国人民大学出版社，2010.

[2] 中国发展研究基金会. 中国城市群一体化报告[R]. 北京：中国发展研究基金会，2019.

[3] 郑连革，江玲洁，李欢，等. 长三角区域经济社会发展保持稳健向好态势——基于 2020 年沪苏浙皖《政府工作报告》主要数据分析[J]. 浙江经济，2020，(7)：34-38.

[4] 中华人民共和国生态环境部. 2019 中国生态环境状况公报[R]. 北京：中华人民共和国生态环境部，2020.

[5] 国家统计局. 2020 中国统计年鉴[M]. 北京：中国统计出版社，2020.

[6] 中华人民共和国环境保护部. 2017 中国生态环境状况公报[R]. 北京：中华人民共和国环境保护部，2018.

[7] IPCC. 2006 IPCC Guidelines for National Greenhouse Gas Inventories[R]. Geneva：IPCC，2006.

[8] 国家统计局能源统计司. 中国能源统计年鉴 2019[M]. 北京：中国统计出版社，2020.

[9] 国家发展改革委应对气候变化司. 2005 中国温室气体清单研究[M]. 北京：中国环境出版社，2014.

[10] BP. BP Statistical Review of World Energy 2020[R]. London：BP，2020.

[11] 中国石油化工集团有限公司. 2019 年年度报告[R]. 北京：中国石油化工集团有限公司，2020.

[12] 国家海洋局. 2016 年海岛统计调查公报[R]. 北京：国家海洋局，2017.

[13] 刘昌义，朱蓉，王阳. 我国风能发展的经济与政策分析[J]. 阅江学刊，2018，10（1）：118-130.

[14] 中国气象局风能太阳能资源评估中心，中国气象服务协会. 2019 年中国风能太阳能资源年景公报[R]. 北京：中国气象局风能太阳能资源评估中心，中国气象服务协会，2020.

[15] 姜波，刘富铀，汪小勇，等. 中国近海风能资源评估研究进展[J]. 高技术通讯，2016，26（8）：808-814.

[16] 孙玉婷，粘新悦，闵锦忠，等. 中国沿海风能分布特征及其影响因子的数值模拟[J]. 大气科学学报，2017，40（6）：823-832.

[17] 中国气象局. 中国风能资源评价报告[M]. 北京：气象出版社，2006.

[18] 中国气象局风能太阳能资源评估中心，中国气象服务协会. 2018 年中国风能太阳能资源年景公报[R]. 北京：中国气象局风能太阳能资源评估中心，中国气象服务协会，2019.

[19] 中国气象局风能太阳能资源评估中心. 中国风能资源评估 2009[M]. 北京：气象出版社，2010.

[20] 汪明军. 基于 WRF 模式的长三角地区风能资源评估[D]. 杭州：浙江大学，2017.

[21] 潘进军，江滢，郭鹏，等. 中国太阳能资源和环境气象因子影响分析[J]. 科技导报，2014，32（20）：15-21.

[22] 李柯，何凡能. 中国陆地太阳能资源开发潜力区域分析[J]. 地理科学进展，2010，29（9）：1049-1054.

[23] 易跃春. 2017 中国光伏发电行业发展报告[R]. 北京：水电水利规划设计总院，国家可再生能源中心；中国光伏行业协会，2018.
[24] 沈义. 我国太阳能的空间分布及地区开发利用综合潜力评价[D]. 兰州：兰州大学，2014.
[25] 《中国电力年鉴》编辑委员会. 2019 中国电力年鉴[M]. 北京：中国电力出版社，2020.
[26] 中国电力企业联合会. 中国电力行业年度发展报告 2020[M]. 北京：中国建材工业出版社，2020.
[27] 安徽省统计局，国家统计局安徽调查总队. 2019 安徽统计年鉴[M]. 北京：中国统计出版社，2019.
[28] 上海市统计局，国家统计局上海调查总队. 2019 上海统计年鉴[M]. 北京：中国统计出版社，2019.
[29] 江苏省统计局，国家统计局江苏调查总队. 2020 江苏统计年鉴[M]. 北京：中国统计出版社，2020.
[30] 张政. 多式联运下我国煤炭调运问题的实证研究[D]. 北京：北京交通大学，2018.
[31] 国家能源局石油天然气司，国务院发展研究中心资源与环境政策研究所，自然资源部油气资源战略研究中心. 中国天然气发展报告（2020）[M]. 北京：石油工业出版社，2020.
[32] 中国石油天然气集团有限公司. 2019 年集团公司年报[R]. 北京：中国石油天然气集团有限公司，2020.
[33] 《中国电力年鉴》编辑委员会. 2019 中国电力年鉴[M]. 北京：中国电力出版社，2020.
[34] 闻雪友，翁史烈，翁一武，等. 燃气轮机发展战略研究[M]. 上海：上海科学技术出版社，2016.
[35] 安徽电力交易中心. 2018 年电力市场交易年报[R]. 合肥：安徽电力交易中心，2019.
[36] 李帅. 电力现货“模拟大作战”[J]. 能源，2020，(Z1)：47-49.
[37] 国家统计局. 2019 中国统计年鉴[M]. 北京：中国统计出版社，2019.
[38] 国家统计局能源统计司. 2018 中国能源统计年鉴[M]. 北京：中国统计出版社，2019.
[39] 国家统计局能源统计司. 2017 中国能源统计年鉴[M]. 北京：中国统计出版社，2017.
[40] 上海市统计局，国家统计局上海调查总队. 2018 上海统计年鉴[M]. 北京：中国统计出版社，2018.
[41] 江苏省统计局，国家统计局江苏调查总队. 2018 江苏统计年鉴[M]. 北京：中国统计出版社，2018.
[42] 浙江省统计局，国家统计局浙江调查总队. 2018 浙江统计年鉴[M]. 北京：中国统计出版社，2018.
[43] 安徽省统计局，国家统计局安徽调查总队. 2018 安徽统计年鉴[M]. 北京：中国统计出版社，2018.
[44] 国家发展和改革委员会能源研究所课题组. 中国 2050 年低碳发展之路——能源需求暨碳排放情景分析[M]. 北京：科学出版社，2009.
[45] 清华大学中国与世界经济研究中心. 十九大后的中国经济 2018、2035、2050[R]. 北京：清华大学中国与世界经济研究中心，2017.
[46] 常征，潘克西. 基于LEAP模型的上海长期能源消耗及碳排放分析[J]. 当代财经，2014，(1)：98-106.
[47] 上海市住房和城乡建设管理委员会，华东建筑集团股份有限公司，上海市建筑科学研究院（集团）有限公司. 上海市建筑行业转型发展“十三五”规划[R]. 上海：上海市住房和城乡

建设管理委员会，华东建筑集团股份有限公司，上海市建筑科学研究院（集团）有限公司，2016.
[48] 朱妍. 能源转型方向清晰，但道路艰辛[N]. 中国能源报，2018-12-17，2018.
[49] 岑可法，等. 推动能源生产和消费革命的支撑与保障[M]. 北京：科学出版社，2017.
[50] 谢克昌，等. 推动能源生产和消费革命战略研究[M]. 北京：科学出版社，2017.
[51] 黄其励，袁晴棠，等. 能源生产革命的若干问题研究[M]. 北京：科学出版社，2017.
[52] 倪维斗，金涌，等. 能源消费革命的若干问题研究[M]. 北京：科学出版社，2017.
[53] 杜祥琬，等. 生态文明建设与能源生产消费革命[M]. 北京：科学出版社，2017.
[54] 张玉卓，等. 世界能源版图变化与能源生产消费革命[M]. 北京：科学出版社，2017.
[55] 何继善，等. 第三次工业革命与能源生产消费革命[M]. 北京：科学出版社，2017.

后　记

本书分析了长三角地区经济社会和能源系统发展的历史和现况，又建模预测了长三角经济社会和能源系统发展的远景，用历史、现况、远景的数据揭示了长三角能源系统中存在的诸多矛盾，从而深刻地认识到国家倡导能源革命的重大意义，能源革命是实现长三角地区创新发展的自然选择和必要条件。

国家对于能源革命的战略目标和主要内容已清晰地表达在党中央和国务院的有关文件中，我们面对的问题是长三角地区的能源革命如何实施。本书坚持全面性、时代性和现实性的观点：首先，要认识长三角地区的能源系统，我们就必须全面地考察能源采集、能源转化、能源输运、能源交易、能源储存、能源消费、能源管理体制、能源结构等环节，“胸中有全局，手中才能有典型”。其次，当今的时代正处于第三次工业革命和第四次工业革命的交会期，新科技浪潮风起云涌，长三角地区能源革命必须反映这些时代特点，并依靠科技新浪的支撑，摧枯拉朽、推陈出新。最后，能源革命的内容、路线应该是因地制宜，力求从长三角地区的实际出发。在全面性、时代性、现实性的指引下，本书提出了建设“现代化能源大系统”的建议，并且对现代化能源大系统的定义、必要的科技支撑、必要的体制改革、必要的市场培育进行分析讨论，深信长三角地区有条件建设现代化能源大系统，而且是实施国家倡导的能源革命、“互联网+”智慧能源战略的有效途径，本书建议先在长三角地区统一示范区中立项实施。

本书有专门章节论述了能源革命与经济社会、国计民生的关系，其目的是阐明能源发展的主动性，它并不完全是被动地满足社会需求，而是能主动地推动经济、社会、科技、文化的创新发展。

最后，本书还对长三角地区能源革命提出八点具体建议。